培养孩子
阅读的秘密

汪运果　吕明珠　著

吉林文史出版社

图书在版编目（CIP）数据

培养孩子阅读的秘密 / 汪运果，吕明珠著 . —长春：吉林文史出版社，2022.10

ISBN 978-7-5472-8988-4

Ⅰ . ①培… Ⅱ . ①汪… ②吕… Ⅲ . ①亲子教育 – 通俗读物 Ⅳ . ① G781–49

中国版本图书馆 CIP 数据核字（2022）第 183444 号

培养孩子阅读的秘密
PEIYANG HAIZI YUEDU DE MIMI

出 版 人 / 张　强
著　　者 / 汪运果　吕明珠
策划编辑 / 刘　越
责任编辑 / 王明智
封面设计 / 知库文化
出版发行 / 吉林文史出版社
地　　址 / 长春市福祉大路出版集团 A 座　　　邮　　编 / 130117
网　　址 / www.jlws.com.cn
电　　话 / 0431-81629375
印　　刷 / 吉林省优视印务有限公司长春数字印刷南关分公司
开　　本 / 880mm × 1230mm　　　　　　　32 开
字　　数 / 132 千
印　　张 / 6
版　　次 / 2023 年 5 月第 1 版　　　　2023 年 5 月第 1 次印刷
书　　号 / ISBN 978-7-5472-8988-4
定　　价 / 56.00 元

目 录

引 言

要把孩子的阅读能力培养好，要有必要的认识和思考

为什么我要写这本小书？

在近十年从事儿童阅读能力培养工作的过程中，我接触过数千位孩子和家长，发现家长对孩子的阅读越来越关注，在阅读培养上的投入也越来越多，但是，却没有取得理想的效果。

甚至不少家长付出很多，孩子的阅读能力依然不够好，表现在迟迟不能自主阅读，总是看漫画而排斥"纯文字书"；总是看轻松读物而很少看文学性较强、读起来"比较费劲"的书；总是看一些自己偏好的书而不去广泛阅读，缺乏深度阅读和思考、探讨等。

困扰家长最多的，可能就是在学业上的表现：阅读理解题目做错、作文写得不够好。

另外，孩子也有很多烦恼。比如，他们希望父母能够多给自己读书，多读自己喜欢的书，以自己的节奏或方式去读，等等，但都不能很好地得到满足，总是被父母或者老师干涉。因此带来很多不愉快，甚至慢慢失去阅读兴趣，很少再去主动看书，转而去看电视、打游戏了。

付出很多，结果却"两败俱伤"，为什么会这样？

这几年我一直在思考这个问题，因为解决了这个问题，显然有助于把孩子的阅读培养得更好。

虽然越来越重视孩子的阅读培养，但仔细想想，目前家长所做的是什么呢？无非就是这样一件事情：给孩子找书让他们看或者读给他们听。

给孩子提供书、给孩子读书，固然很重要，也有助于孩子的阅读培养，但这还远远不够。要把孩子的阅读进一步培养好，就得关注更多的方面，例如：

哪些书更适合孩子、品质更好、孩子更喜欢。（现在的图书资源与以往相比，发生了巨大变化，面对种类繁多、家长以前都未曾见过的图书，许多家长在选书上都会遇到困难或者存在误区。）

如何引导孩子看更好的书，而不只是"简单粗暴地"把好书给孩子，要求他们去读。（即便找到了好书，也并不是给了孩子，他们就会看；实际情况往往是，家长把从阅读推广人、老师或者网络上好不容易"寻得"的好书交给孩子，满心期待孩子们能一本本认真地去读，但孩子可能根本都不看一眼。）

怎么才能培养出孩子对书和阅读的兴趣？（现在无论是学校还是家庭，都越来越注重对孩子的阅读培养了，也都在找书给孩子读或给孩子看，甚至每天"坚持阅读打卡"，几年下来，发现孩子对书和阅读并不感兴趣，主要表现在很少主动拿书看、阅读面狭窄等。也就是说，"坚持看书"，并不一定能够让孩子爱上阅读！因为很多时候，老师和家长恰恰忽略了让孩子对书和阅读产生兴趣最关键的因素，这样的话，越"坚持"，越不能培养出阅读兴趣来，甚至还可能让孩子排斥、厌恶看书。）

孩子的阅读量真的够吗？（不少家长觉得自己的孩子看了

很多书，但阅读理解、写作还是不够好；先不说其他方面，就连阅读量都不够，家长觉得孩子看了"很多书"，其实是没有弄清孩子需要多大的阅读量。）

如何提升孩子的阅读品质？（不少孩子也一直在阅读，但阅读品质并不高，例如，总停留在阅读轻松读物上，甚至家长给孩子阅读的图书质量不高，这显然会直接影响孩子的阅读品质；进一步讲，家长如何跟孩子进行亲子阅读，孩子自主阅读是泛泛而读还是有深入思考和必要的探讨，这些问题也会影响孩子的阅读品质。）

孩子是否掌握了必备的阅读策略？（我们常常希望孩子对文本有更多、更深入的理解，但极少告诉孩子怎么去理解，也就是说，并没有教孩子理解文本的方法。很多人不知道，一个良好的阅读者必然是掌握了必备的阅读策略的。）

……

上述这些方面显然对我们进一步培养好孩子的阅读产生很大影响。

在这本书里，我将试图回答上面的这些问题。

可能会有人觉得，这些内容没有什么新鲜的，之前都看过或者听过。确实如此，这些不是什么"新奇"的内容，这本书里也没有"一招致胜"的神奇"招数"。但是，近十年来的实践让我非常确信：

儿童阅读能力培养的好坏恰恰就取决于这些看似普通、平常的理念和方法，而不是什么"绝招""妙招"。

事实上，儿童阅读培养根本就没有什么"绝招""妙招"，把精力放在寻找这些并不存在的"绝招""妙招"上，就会忽视那些看似普通、平常的方法，而它们恰恰又是最可靠的，甚至是必需的!

　　并且,这种忽视意味着要么不能坚定地使用这些方法,要么不能清楚无误地使用好这些方法。这样一来,孩子的阅读没有培养好就不足为奇了。

　　在这本书里,我把这些看似普通的、好像大家都知晓的理念或方法,加以重新审视,并重新组织起来,形成一个完整的框架。这不仅有助于家长对儿童阅读培养的整体有清晰的认识,还能够准确地把握具体理念和方法的根本之道和关键所在;这不仅确保家长能够在实践中判断这些理念和方法是否应用得当,还能够让家长根据自家孩子不同的情况寻找到更加适合的方法。

　　儿童阅读培养的这个完整框架,我用一个金字塔的结构来表示,一共有4层,从下到上分别是阅读兴趣、阅读量、阅读品质和阅读策略。

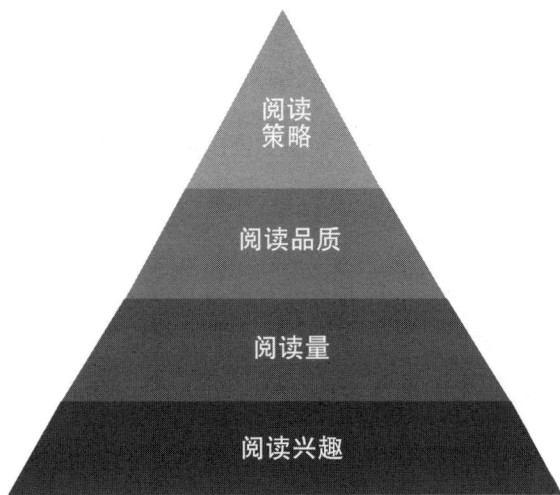

阅读培养框架

如果把对儿童的阅读培养看作建大厦，那么，这个金字塔结构就相当于建筑图纸。如果没有图纸去建大厦，必然是"东一块砖""西一块瓦"，搞不清每个阶段的重点，也分不清哪些该做，哪些不该做；哪部分先做，哪部分后做，这样怎么能建好大厦呢？

很多家长付出不少，但孩子的阅读依然没有培养好。其实就是心里没有这样一张"建筑图纸"，抓不住根本，盲目蛮干，最后的结果可想而知。

本书主要就是介绍这张"金字塔"结构对儿童进行阅读培养的"图纸"，并在其中"标注"了影响儿童阅读培养的"关键点"。

关于"阅读兴趣"培养，我们都知道要给孩子提供阅读环境，比如买一些书放在家里，会跟孩子亲子共读。但如果我们不了解阅读兴趣培养的"关键点"是"让孩子与书建立联结并让他们对书和阅读有好的体验"，就会出现这样常见的现象：买了很多书，孩子不看；给孩子读了好几年书，仍然看不出孩子对阅读有多少兴趣——常常表现在除了阅读睡前故事，孩子平时几乎从不主动拿书看！

关于"阅读兴趣"培养，另外一个"关键点"就是它是一个持续培养的过程，千万不要以为孩子阅读兴趣提高了，就不需要再去培养了。实际上，很多家长（还有一些老师）由于各种原因，去破坏孩子的阅读兴趣（虽然可能是无意识的）。比如，要求孩子看不符合他们认知和阅读水平的书、不符合他们阅读偏好的书；要求他们必须用某种方式去阅读，比如，摘抄、批注、写读后感等，出发点是为了把孩子的阅读培养得更好，但在客观上都在破坏孩子的阅读兴趣。

关于"阅读量",我们也都知道很重要;"大量阅读"这个词,几乎每位家长都听说过。但是,多大的阅读量才算得上是"大量"呢?这就不是每个家长都很清楚的了。所以,就会出现孩子一年看几十本书,家长就觉得是"看了很多书"的情况。孩子的阅读、写作和语文基础知识还不够好的话,就容易怀疑看书没有用。其实,不说其他方面,光"阅读量"这个最简单的"指标",都远远没有达到呢。

所以,对"阅读量"有个大致的概念,是非常有必要的。不然就容易出现阅读时间不够、阅读量不够、看不到"效果"、对阅读产生怀疑(甚至因此放弃阅读转而寻求所谓"快速见效"的方法而陷入恶性循环)等现象。

"阅读品质",显然是每位老师和家长希望看到孩子能够提升的方面;也都知道要提升阅读品质,首先要读品质好的书,然后是读得深入。但什么样的书才是真正的好书?如何选择这些好书?好书选出来之后,如何引导孩子看?如何让孩子更加深入地阅读,而不仅仅是泛泛而读,甚至只是了解大概的情节?很多老师和家长以为名著就是好书,真的是这样吗?给孩子找的那些所谓的名著真的是名著吗?

至于"阅读策略",就更少有人去关注了,但它又是如此重要,以至于小学语文部编教材史上第一次加入了阅读策略单元。那么,什么是阅读策略?为什么阅读策略如此重要?如何学习阅读策略?

在详尽展示完这张"金字塔"的图纸之后,再跟大家探讨一些关于儿童阅读培养的常见问题,不少问题困扰了很多家长和老师。例如,到底要不要指读?如何从亲子阅读过渡到自主阅读?怎么才能让孩子看品质更好的书?

当然，我也特别想列举几个典型的儿童阅读培养的误区，以免以后不小心走进去，对孩子阅读甚至成长产生不利影响。例如，以为听音频故事可以培养孩子阅读，认为孩子小还不能读书，认为孩子学了拼音就可以自己读了，等等。

我知道大家普遍都想找品质更好的书给孩子看，所以也给大家准备了0~18岁的分龄书单，大概有3000册，足够孩子看。

这些内容是我近几年阅读上百本阅读指导书籍，接触上千位孩子和家长过程中阅读指导实践的总结。鉴于水平有限，谈不上系统和深度，只是从实用角度给家长和老师们提供一些参考，不当之处敬请读者朋友们批评指正，不胜感激！

阅读能力培养的"法宝"

阅读能力培养要说有"法宝"，还真有一个

很多家长问，怎么才能把孩子的阅读能力培养好呢？

问这个问题的时候，他们都期望我能提供一个万能的"法宝"，用上之后，孩子的阅读能力就培养好了。

很显然，并没有这样的"法宝"，但如果非要说有什么"法宝"的话，那毫无疑问，就是这两个字——"重视"。

对，没错，就是"重视"。

我知道很多人可能都会说，这算哪门子法宝啊，现在谁不重视？

可我要说，99% 的人都还不够重视，也就是说，100 个人里，能够找到 1 个人真正重视的就不错了。

为什么家长花费了很大功夫去培养孩子的阅读，但最后还是有很多孩子的阅读依然不够好？原因有很多，但归根结底只有一个，那就是"不够重视"。

而那些阅读培养好的，几乎无一例外，家长都足够重视。

这样说来，不妨把"重视"当作儿童阅读培养的"法宝"——如果非要找一个这样的万能"法宝"的话。

很多人肯定会说："我重视啊！"

是的，很多人都觉得自己重视了，已经很重视了。

但真的是这样吗？有三个标准可以检验我们对一件事情是否真正足够重视，即在这件事情上投入的时间、精力和金钱。

我们可以通过上面三个标准来检验一下，看看自己是否真正足够重视对孩子的阅读培养……

大家可以想想自己在孩子的阅读培养上花费的时间、精力和金钱是多少，再想想在他课外班上的投入是多少。

大多数家长，每周都会带孩子去上课外班，但每周带孩子到图书馆、书店、绘本馆等阅读场所的却很少。

每年在课外班投入的金钱远远超出在阅读培养上的投入——有多少人在自己孩子阅读培养上的投入比课外班的还多呢？很少。甚至每年在一个培训班投入的金钱都比在阅读上投入得多。

肯定有人会说，那不能用金钱来衡量啊。这里当然不是仅仅用金钱的多少来衡量，而是通过这个侧面，多少能够反映出我们对阅读的重视普遍还不够！

从买书这件事来看看我们在金钱上的投入。

很多人以为自己买了很多书在家里给孩子看，其实，一般每年买书都不会超过 5000 元钱。事实上，每年能够花 2000 元钱给孩子买书的人，都是少数！

肯定又有人会说，买那么多书干什么，家里买的书，孩子都看不完或者都不看！其实这恰恰又反映出家长对阅读不够重视！

先不说买的这些书是否适合孩子，就单说这种"买了的书孩子都要全部看"的观念，就是不重视的表现！

因为，如果足够重视，就会为孩子提供足够数量的书籍，以便孩子能够挑选到适合自己的、自己喜欢的书，而不会考虑"买多了，看不完""放着不看，浪费"等问题。

这几年我还遇到一些极端的例子，更加明显地说明了家长对阅读的不重视。

比如，孩子很想买一本书，哭着喊着要买，但家长就是不给买，硬把孩子拖走；再如，有妈妈想买一套书送给亲戚的孩子，却被孩子爸爸斥责，认为这是浪费钱；还有的妈妈给孩子交了阅读培养的费用，回去之后，被家人说是乱花钱，甚至还有人为了省钱，明知是盗版书还要买给孩子看……

如果真的重视孩子的阅读的话，我想说，"在买书这件事上，可以不设金额上限"！别被这个"不设上限"吓住了，其实再怎么买也花不了多少钱，每年绝不会超过你在课外班上的花费。我们都知道，"书房才是最好的学区房"。想想看，这个上限会超过你买的学区房哪怕是一平方米的费用吗？

用上面的三个标准一检验，就很容易看出：多数人其实是不够重视阅读的。

那么，为什么几乎每个人又都认为自己重视呢？

因为，重视有个"程度"的问题，每个人对程度的界定不一样，有的人一年给孩子买三五本书就觉得是重视了；而有的人可能买 500 本书还觉得不够。有的人觉得每天花半小时阅读，就已经很"奢侈"了，甚至认为占用了孩子的"学习时间"；而有的人每天尽可能多地给孩子阅读时间，一个小时、两个小时都觉得不够！他们都觉得重视，但重视的程度显然相差非常大。

平时经常遇到不少家长说，孩子不喜欢阅读，现在大了很难培养，小时候错过了——这就是不重视的结果。

也会听到家长说，我也知道阅读重要，也想去培养，但我没有时间，孩子也没有时间啊——这恰恰反映了对阅读的不重视。

还有家长会说，我天天上班已经很累了，我天天在家带孩子、做家务已经很累了，还要我去给孩子读书，哪有那精力——这也是不重视的表现。

更多的家长说，现在书太贵了，买那么多书太费钱，还要在阅读培养上花钱去专门的机构，太贵了！阅读培养还要花钱啊——这也是典型的不重视。

不重视，就很容易出现类似这样"好忙""好累""好贵"的情况，加上"错过最佳时期"，这样，孩子的阅读怎么能培养好呢？

不重视，就会有各种理由（其实都是借口），不尽心尽力地去培养。

不重视，孩子的阅读几乎就不可能培养好。

因此，要想把孩子的阅读培养好，首要的就是要抓住"重视"这个"法宝"。

那么，怎样才能让自己真正地足够重视呢？

阅读的意义

掌握这个阅读培养的"法宝"

要真正足够重视对阅读能力的培养，就得足够深入认识阅读的意义。

相信绝大部分人都认为阅读是有意义的，尤其是看这本书的读者朋友更是如此。但为什么我还是在这里花一些篇幅，跟大家反复谈阅读的意义呢？

因为，只有我们真正深入地认识到阅读的意义，才会足够重视对孩子的阅读能力的培养。而现实生活中，可以看到很多人嘴上也说阅读很有意义、很重要，但实际上呢，却总是没有时间，觉得培养孩子阅读很累、很贵。其实，都是没有真正深入理解阅读的意义。

所以，非常有必要重温一遍阅读的意义：

阅读对于人最重要的意义，可能就在于，它是促进人精神成长的一种方式！

阅读让人内心丰盈。正如朱永新先生在《我的阅读观》中提出的，"一个人的精神发育史就是他的阅读史"。而文学巨匠莎士比亚也曾说，"书籍是全人类的营养品"。食物让人身体生长，书籍促进人的精神发育。作家三毛曾说："读书多了，容颜自然改变。许多时候，自己可能以为许多看过的书籍都成过眼烟云，不复记忆，其实它们仍是潜在的。在气质里，在谈吐上，在胸襟的无涯。当然，也能显露在生活和文字中。"

阅读是重要的学习方式。

如今的世界发生了巨大的变化，并且变化的速度越来越快，这意味着很多新事物层出不穷。因此，只有持续学习，才能更好地适应这个持续变化的生活环境。

虽然通过听音频、看视频等方式也能够进行学习，并且音频、视频也有其优势，但阅读仍然是一种重要的学习方式，尤其是系统深入地学习，阅读甚至是一种必要的方式。大家可以想想，要在某一个领域成为专家、取得一定成就，是不是都离不开阅读？

阅读提升认知水平和思维能力。

认知水平，决定了人对世界的理解；思维能力，决定了人对世界的判断。认知和思维，影响一个人生活和工作的方方面面。

通过阅读，可以获取古今中外全世界各个领域最有智慧的人对这个世界的看法；而在这个过程中，就是对思维的一种锻炼。

在《脑与阅读》一书中，世界著名脑科学家斯坦尼斯拉斯·迪昂从脑科学的角度详细论述了大脑是如何阅读的，同时也显示了每一次阅读都是在加强某些脑神经连接，从这个角度来说，阅读是对大脑的重塑。

早期阅读，对孩子发展有多方面助益。

首先，早期阅读能促进孩子视觉和智力的发育。

孩子在出生后，视觉和大脑发育非常快，在这个快速发展的"敏感期"，给予孩子适宜而丰富的环境刺激，能够促进其更好地发展。而在早期阅读中，无论是给孩子看视觉激发卡，还是给孩子读儿歌、童谣、认知类图画书，或是带孩子去"玩"触摸书、洞洞书、发声书、口水书，都能够给孩子提供其成长所需的适宜而丰富的环境。

其次，早期阅读能够促进孩子语言能力更好地发展。

孩子出生后，并不能说话，也听不懂任何话语。但由于我们不断地跟孩子说话，给孩子提供语言环境，孩子在短短一两年就能够听得懂、说得出话了。如果我们不对孩子说话，不给孩子提供语言环境，那么孩子长到多大都不会说话，而且一旦错过头几年的"窗口期"，可能永远都不能学会说话。

孩子出生后，我们就会不断地和他们说话。借助早期读物，通过亲子阅读，能够为孩子提供更加丰富多样的语言，从而促进他们的语言更好地发展。

最后，早期阅读能够很好地培养孩子的专注力。

专注力需要后天培养才能够逐渐发展好。专注力对孩子以后的学业学习、事业发展都起着至关重要的作用。而早期阅读能够很好地培养孩子的专注力。孩子跟父母一起进行亲子阅读，需要主动去思考、构建，才能理解书中的内容；而对比之下，看电视、玩手机，往往是声、光、电的刺激，孩子更多是被动地跟随、条件反射式地应对，自我控制、积极主动思考的成分较少。所以，经常看电视、玩手机的孩子，专注力都相对较差，没有强刺激，就"坐不住"、难以自控……

当然，早期阅读对孩子还有很多好处，我认为最重要的，但被很多人忽略的一点是，早期阅读能增进亲子情感、建立良好的亲子关系，是一段幸福的亲子时光。

借助"早期读物"这个工具，通过亲子阅读这种方式，让父母与孩子联系在一起，在语言互动中传递彼此的思想和情感，这是一种心灵的沟通，也是一种非常享受的相互陪伴。

阅读是学业学习的必需

虽然上面所说的是阅读对于人更为深远的意义，但可能大多数人都觉得"太虚"了。那么，我们就来谈一谈，阅读最为"实在"的意义，这应该是每位家长都会关心和在意的。那就是，若没有阅读作为支撑，孩子学业学习要取得好的成绩，几乎不可能。

部编教材总主编温儒敏曾说：高考语文试卷题量以后会大增，阅读量和阅读速度跟不上，很难应对未来的高考；很可能有 15% 的考生连题目都做不完。

只要我们看看最近几年的高考语文试卷，就可以很明显地看出这个趋势。现在高考语文试卷的分值分布一般是这样的：现代文阅读理解，36 分；古代文言文阅读理解，34 分；语言文字应用，20 分；作文，60 分。整个试卷几乎都在考阅读（最后作文也跟阅读密切相关）。以前试卷中对字音、名句等记忆部分的考查早已不见踪影。

温主编在谈"语文教育与读书"时曾说："应当把阅读放在首位。""培养读书兴趣是语文教学的'牛鼻子。'""不关注课外阅读，语文课就是'半截子'的。""部编本语文教材'专治'不读书。"[1]

阅读是学习的基础、基础教育的核心，所有学科的学习都离不开阅读。

---

[1] 参见《温儒敏谈读书》，温儒敏著，商务印书馆。

　　语文，自然不必说，字词句的积累，对文章的理解、欣赏和评价，以及写作，离开了阅读，显然都不行。

　　数学，如果没有对概念和公式的深入理解，如果对题目的意思不甚明了，那多半也很难学好数学，做题也会遇到更大困难，更易出错。

　　甚至有一种趋势，就是数学题目也越来越长，像个小短文，如果没有良好的阅读能力，怎能够很好地应对？请看下面这道2019年的高考数学题，要想顺利解答出来，是不是首先要理解这段文字：

4. 古希腊时期，人们认为最美人体的头顶至肚脐的长度与肚脐至足底的长度之比是 $\frac{\sqrt{5}-1}{2}(\frac{\sqrt{5}-1}{2}) \approx 0.618$，称为黄金分割比例)，著名的"断臂维纳斯"便是如此。此外，最美人体的头顶至咽喉的长度与咽喉至肚脐的长度之比也是 $\frac{\sqrt{5}-1}{2}$。若某人满足上述两个黄金分割比例，且腿长为105cm，头顶至脖子下端的长度为26 cm，则其身高可能是＿＿＿＿＿

　　英语跟语文一样，也是一种语言学科，同样离不开阅读。母语好的孩子，英语一般不会差。如果母语没有学好，想要把英语学好，则非常困难。

　　同时，物理、化学、生物、地理、历史等学科也都离不开阅读。

　　阅读是一种核心学习能力。

　　人们获取信息和知识的手段当然不止阅读这一种方式。但深入、系统的知识目前多半还是通过书面语言的方式记录和传递的。对于学生来说更是如此，每一门文化科都是离不开书面语言的。

通过阅读，可以提高我们的理解力、想象力、判断力及思辨力，能有效提升思维能力。而思维能力显然是学习的关键。有了良好的思维能力，能够让学习更高效。

很多人说"要培养孩子的阅读兴趣"，这很好！但我认为这还不够，不应当把阅读看作可有可无的兴趣爱好，而应当是一种必需——每个孩子都需要具备的核心素养。

阅读当然不是万能的，但只有无限相信阅读的力量，才能真正足够重视，进而掌握培养孩子阅读能力的"法宝"。

对儿童进行阅读培养是一个长期而渐进的过程，在这个过程中，即便不断付出，也不易看出"效果"；甚至三五年时间，也达不到我们的"预期"。因此只有深刻认识到阅读的意义，无限相信阅读的力量，才会有持续的动力。而重视就是对儿童进行阅读培养的动力之源。

有了足够的动力之后，怎么才能把孩子的阅读能力培养好呢？

接下来，我们就来看看对儿童进行阅读培养的"金字塔"图纸，有了这个图纸我们就可以"按图索骥"，对儿童阅读培养的方向、目标或核心任务，以及"关键点"，就能够了然于心了。

阅读培养的"金字塔"
有了这个"建筑图"，培养好孩子的阅读有保障

在阅读培养上，不少人会遇到一些问题，常见的有：

一直让父母读，为什么自己几乎从来不主动拿书看？
总是看某一类书，为什么其他的书极少愿意看？
看了很多书，为什么阅读和写作还是不够好？
……

也会走入一些误区，常见的有：

孩子想听故事，父母却想着给孩子做一些"阅读指导"，例如提一些问题让孩子回答。
自己觉得哪本书好，就要求孩子一定去看。
为了提升孩子的阅读能力，让孩子读完书之后，做阅读理解题，甚至把时间更多地放在做阅读理解题上。
只是给孩子书，而没考虑是否适合他们，品质是否足够好。

……
为什么会出现这些问题，走入这些误区呢？

我发现这与我们对阅读培养的大方向不清楚,对阅读培养的核心任务、目标不明确,有很大关系。

大家可以想一想,我们都希望把孩子的阅读培养好,但都是怎么做的呢?无非就是给孩子书,让他们看或者读给他们听。至于阅读培养要从哪些方面着手,阅读培养的框架是什么,核心的要素和大方向是什么,家长并不清楚或者从未想过。这就相当于盖楼没有图纸,光靠自己的感觉、想象,走一步看一步,这样去建大楼是非常不靠谱且非常危险的。

那么,儿童阅读培养的那张"图纸"是什么呢?我认为就是由"阅读兴趣""阅读量""阅读品质"和"阅读策略"构成的"金字塔"。

阅读兴趣处于"金字塔"最底层。因为没有阅读兴趣,大量阅读、阅读品质和阅读策略都是空中楼阁,无从谈起。

阅读兴趣,是儿童阅读发展的基础和前提。

阅读兴趣对阅读培养的重要性,其实我们都是知道的,也是会强调的。但实际上对它的理解和重视程度依然是不够的。例如,我们经常能够看到家长、老师规定孩子必须读某本书、必须用某种方式去读,而没有考虑孩子是否能够、是否愿意读这本书,是否喜欢用那种方式去读,诸如此类忽视甚至破坏孩子阅读兴趣的情况不在少数。这其实就是没有真正理解儿童阅读培养,兴趣是基础和前提,任何时候都不能去破坏。

另外,也会有家长说,我的孩子阅读兴趣已经很高了,不需要培养了。其实,阅读兴趣培养是一个持续的过程,任何时候都需要培养,至少不去破坏。家长有这样的想法很可能会不经意间做一些破坏孩子阅读兴趣的事,培养孩子的阅读兴趣不容易,而使一个孩子失去阅读兴趣却非常容易、非常快!

大量阅读，是儿童阅读发展的基本和必要方式。

没有大量阅读，就没有阅读发展，所以，我们提倡"大量阅读"。

常常听到家长说，孩子看了很多书了，阅读理解和作文还是不够好。其实他们所谓的看了"很多书"，也只不过是自主阅读两三年且每年的阅读量也仅在 100 本左右。这可以反映出，很多人还没有真正理解什么是大量阅读。

阅读品质，决定了孩子的阅读是否能够进一步发展。

不少孩子读的书也不算少，但绝大部分书都是轻松读物，阅读虽然有长进，但总是不能再上一个层次。

很多孩子读书基本都是泛泛而读，如果能够有更多的思考和探讨，显然会促进阅读更进一步发展。

阅读策略，是孩子阅读能力高低的反映。

人的阅读能力是有差异的，这里面有很多因素，其中一个重要的方面是对阅读策略的掌握。阅读能力强的人，一般都很好地掌握了必要的阅读策略，例如联结、提问、图像化等。

可以用跑步来打比方。正常情况下，我们都会跑步，但要想跑得好，就需要专门、专业的训练，以掌握一些技巧。阅读也是这样，如果掌握了阅读策略，阅读能力就会相应提高。对阅读策略的掌握，有两种方式：一种是不自觉的，也就是在大量阅读中，自我摸索，虽然不知道，但已经在使用；另一种是系统学习，是自觉练习和应用必备的阅读策略。

构成阅读培养"金字塔"的 4 个核心要素，即阅读兴趣、阅读量、阅读品质和阅读策略，只要我们深刻理解并做到位后，培养好孩子的阅读就水到渠成了。

下面，我们分别来详细谈谈。

阅读兴趣

根基打牢，孩子的阅读发展不可限量

为什么孩子要在父母的督促下才去看书，自己很少主动拿书看？

为什么孩子总是看某一类书，对于其他的书籍翻都不翻？

为什么孩子阅读和写作不够好？

诸如此类的问题都跟孩子的阅读兴趣有关系。

阅读兴趣处于阅读培养"金字塔"的最底层，是阅读发展的基础和前提。如果没有阅读兴趣，就不会有阅读量、阅读品质和阅读策略。因此，阅读兴趣决定了儿童阅读培养的好坏，甚至成败！

那么，我们如何培养孩子的阅读兴趣呢？

阅读兴趣培养根本之"道"

培养阅读兴趣是一个很大的话题，从各个方面都可以去培养孩子的阅读兴趣。从网上和书上能找到很多方法，相信大家也了解了不少。但这些方法对于有的人很"有效"，而对于有的人却根本"没用"。例如，我们都知道培养孩子的阅读兴趣，家里要有足够数量的书，但不少家长却说给孩子买了很多书，孩子就是不看。

现在越来越多的父母知道了亲子阅读是培养孩子阅读兴趣最好的方式之一，但是不少家长却发现，亲子阅读几年时间了，孩子除了睡前故事，平时很少主动拿书看，对阅读并没有什么兴趣。

为什么会出现诸如此类的情况呢？

这是因为这些具体的方法，大多数只是从"术"的层面去讲的，如果我们不了解阅读兴趣培养的根本之道，即使有再多的方法，也不一定有效。特别是具体到每个不同的孩子身上，更是如此。

那么，阅读兴趣培养的根本之"道"是什么呢？我认为是让孩子尽可能多地与书接触、建立联结，并尽可能让孩子体验到书和阅读给他们带来的愉悦或者说尽可能让阅读带来好的感受。

下面，列举一些具体的方法，供大家参考。

首先，就是阅读环境的创设。这也是我们都知道的，要培养好孩子的阅读，家里有足够数量的藏书。但为什么总有人说，"买了很多书，孩子就是不看"呢？

我们先来明确"很多"到底是多少。

有的人家里藏书超过千本，有的人家里藏书却不过三五百本，甚至只有百十本书，但都认为是"很多"；很显然，自己认为的"很多"，可能并非真的很多。这里当然不是去攀比藏书量，只是想让大家对藏书量有个大致的概念，也就是说，家里仅仅百十本书，那真的还不能说是"很多"。

只有家里有足够数量的藏书，才更可能"让孩子尽可能多地与书接触、建立联结"。

当然，足够的藏书量只是一个前提，更重要的是，还要考虑这些书是否适合孩子，是否适合孩子的认知水平、阅读水平和阅读偏好！

如果孩子还在学龄前阶段，买的都是字多图少的书，那么就算书再多，孩子也不感兴趣啊！或者孩子刚刚学会自主阅读，就要求他们读那些所谓的"必读名著"，甚至是成人名著，显然他们也觉得枯燥无味，不愿意读。更多的情况是，家长把自己觉得好、自己感兴趣的书买回家让孩子看，而这些书根本不符合孩子的阅读偏好。

如果不适合，不能"让孩子尽可能多地与书接触、建立联结"，那么无论有多少书，都无法让孩子对书产生兴趣，甚至书越多，他们越讨厌书！

有了足够且合适的书，如何摆放，是随之而来的另一个问题。是整整齐齐地码放在书架上，还是在沙发、床上、卫生间等随处都放一些书？

对于这个问题，不同的人会给出不同的答案，当然理由也各不相同。比如，选择把书整整齐齐地码放在书架上而不是随处摆放，大概都是从整洁方面考虑的。但如果从培养孩子阅读方面来考虑，就需要随处放书，让孩子"触手可及"。越是能够让孩子看到书、拿到书，孩子就越可能去看；相反，越是让孩子"费劲"才能拿到书，哪怕是多一点点"费事""不便利"，都会减少孩子拿书的机会。

不仅如此，我们还要考虑用书的封面去吸引孩子。因此，如果可能的话，要尽可能地把封面展示出来让孩子看到，对于学龄前的孩子尤其要这样做，这也是要为孩子准备绘本书架的原因。绘本书架除高度等方面基于儿童身高设计外，还能够展示绘本的封面。书的封面，尤其是绘本的封面，相当于书的"脸面"，都是经过精心设计的，往往都尽可能地将这本书具有的独特魅力展现出来，对孩子具有很大吸引力。

进一步来说，我们还可以为孩子布置专属的书房或者读书角。例如，把一间房间或者房间的一角精心布置一番，放置各种适合孩子读的好书，营造安全感十足而又温馨的氛围，准备舒适的椅子坐垫以便于孩子可以用各种姿势很舒服地看书。

其次，把买书，逛书店、图书馆、绘本馆等作为一种习惯。不断给孩子补充书。发现适合孩子读的好书，随时购买回来；到书店遇到孩子喜欢的书，果断买回家；特殊日子里，例如孩子过生日，在生日礼物中选一本或者一套孩子可能喜欢的好书……

这里要特别注意两个关键点：

持续补充书籍，不要觉得家里已经有很多书了，还有不少书孩子还没有看，就中断了买书。这里关注的重点是，持续保持对适合孩子读的好书的敏感度，而非书的数量够不够！

从孩子的角度去买书，如果书适合孩子的认知和阅读水平、特别是阅读偏好，就果断买；如果父母觉得好，但孩子喜欢的可能性不大，那就要考虑一下再作决定。

另外，当孩子在逛书店的过程中看中某本书，有买的欲望的时候，父母要毫不犹豫地买下来，千万不要表现出各种不爽快，不要说那些让孩子感到费劲、沮丧或受打击的话，例如，"家里的书还没看完呢""还买？家里的书你都没看""买了，你要看啊""你保证读完写读后感，我就给你买"，等等，像这样的话千万不要说，因为这样说，一是不信任孩子，另外也让孩子感到买本书也太费劲、太难受了！退一万步说，就算买了之后一点儿也没看，也值得毫不犹豫地支持孩子把书买下来，因为孩子对书的热情是无价的。花几十块钱、几百块钱又算得了什么呢？不过是一顿饭、一件衣服、一个玩具的事！

把书作为礼物送给孩子的时候，要注意，确保书要尽可能是孩子喜欢的类型；还有就是不要只送书而把孩子其他想要的礼物给"灭掉了"，否则，书不仅不能成为孩子喜欢的礼物，反而变成了让他们讨厌的东西了。

经常带孩子到书店、图书馆、绘本馆等阅读场所。如果时间充裕、比较便利，每周去一两次；时间不太充裕、距离较远，平均每个月至少去一两次。实际上，往往不是时间不够，而是没有把时间用到这上面。大家想想，多少人每周都花时间带孩子到课外班去，相对来说，陪孩子到阅读场所的，却少得多。

当然，这里有一个关键点需要特别注意，就是不要干涉孩子，更不要强迫孩子。例如，如果孩子哪天实在不想去，不要强求，可以改天再"邀请"孩子；去了之后，如果孩子提出想离开，哪怕只是刚到三五分钟，也不要强求孩子继续待下去；孩子在里面选什么书看、怎么看，只要不违反公众场所的规定，都不要去说孩子。例如，不要要求孩子看这本书或那本书，也不要要求孩子这样看或那样看。千万记住，不要把眼睛放在孩子身上，不要总是对孩子说教，家长只管自己找书，自己看就好了；给孩子自由，让他们去找他们喜欢的书，以他们乐意的方式去看。当然，如果孩子要求亲子阅读，一定要满足孩子的要求，不要非让孩子自己看。否则，去书店、图书馆、绘本馆等这些阅读场所反而变成了孩子的一种负担，甚至是对他们的一种"折磨"了，这样的话，就算天天去，他们也不会对阅读产生兴趣。

最后，就是亲子阅读。从某方面来说，亲子阅读是培养孩子阅读兴趣最好的方式，甚至没有"之一"（实在还没找出有比亲子阅读更好的方式）。

父母跟孩子在一起阅读，其实就是通过"书"这个工具，利用亲子阅读这种方式，让彼此间建立联结：父母通过声音将自己的情感传递给孩子，孩子或倾听，或回应，彼此进入一个个美妙多彩的故事世界，彼此进行一次次心灵的沟通，彼此享受着相互陪伴的快乐时光。显然，这既能让孩子接触书，也能让孩子体验到阅读的美妙感觉。时间久了，孩子会很向往、享受这个过程，他们就会对书和阅读产生好的印象，看到书就想起那些愉悦的经历。把阅读跟快乐建立联结，书自然就对他们有了吸引力，他们也就对阅读产生了兴趣。

那么，为什么经常有人说，跟孩子亲子阅读好几年了，也不见孩子对书有多大的兴趣呢？他们发现孩子除了睡前故事，平时几乎从来不主动拿书看。

这里就涉及一个关键问题了，那就是亲子阅读应当如何进行？这也是我经常被问到的一个问题。

其实，如果理解了上面提到的亲子阅读的本质，这个问题的答案就非常清楚了。亲子阅读的本质是亲子陪伴、亲子交流、心灵沟通，是以书和阅读为媒介进行的。因此，亲子阅读，首先在于"亲子"，其次才是"阅读"，也就是说，亲子阅读是"以人为本"的，而非"以书为本"。亲子阅读，无论怎么进行都可以，只要尊重亲子双方的感受，让彼此都享受这个过程即可。无论是"有字读字，无字静静看图"（照字念）的方式，还是把书当作相互交流讨论的媒介（随意说）的方式，只要双方乐意、感觉不错，都可以。因此，是照着字念还是可以添加字，这种纠结就没有了，当然，这里的前提是，不要带着功利性目的去进行亲子阅读，例如，总是想通过绘本让孩子学到什么知识、懂得什么道理，或者得到什么锻炼；也不要矮化孩子，例如，自以为孩子听不懂，总是给孩子进行不必要的解释说明等。

如果带着功利性目的，没有尊重双方的感受（往往是孩子的感受被忽视），那么，亲子阅读势必不会带来好的效果。例如，读的书并不适合孩子或者孩子不喜欢，那么从选书开始，这个过程就不愉快。在读的过程中，不能尊重孩子的节奏、方式，孩子想尽快开始，父母却啰里啰唆讲了一堆知识、道理；孩子沉浸在故事中，父母却屡屡打断故事，不停地去"拷问"孩子；孩子有了疑问、想法提出来，父母却不理孩子，只顾自己读。读完之后，孩子还在回味或者思考那个故事，父母却非要孩子做个总结，说出个道理来；父母把自己总结的道理强行灌输给孩子，要求他们记住。

被誉为"日本绘本之父"的松居直在《幸福的种子：亲子共读图画书》一书中针对上面的现象指出："有不少父母认为，从孩子很小的时候起就念图画书给他们听，可以帮助孩子早一点读书、识字，养成阅读的习惯，提高文字能力，同时培养高尚的情操并扩大他们的知识面。这些冠冕堂皇的理由往往使父母无法轻松地讲故事，从而图画书开始失去了其最重要的功能——带给孩子快乐。结果，图画书反而变成了虐待孩子的刑具。"

显然，如果亲子阅读总是这样进行，怎能让孩子体验到书和阅读给他们带来的美好感受呢？他们体验到的是枯燥无趣、难受厌烦！这样读再久，孩子也不会对阅读产生兴趣。

因此，亲子阅读虽然是培养孩子阅读兴趣最好的方式，但如果没有抓住其本质，没有理解其根本之道，也起不到好的效果，甚至产生反作用。

以上所列出的各种方法，其根本还在于"让孩子尽可能多地与书接触、建立联结，并尽可能让孩子体验到书和阅读给他们带来的愉悦或者说尽可能让阅读带来好的感受"！

补充一句，这里说的"让孩子尽可能多地与书接触、建立联结"，让孩子有"好的感受"，不是刻意要求、强迫，而是不落痕迹地、润物细无声地、自然而然地进行。注意，这不是不管不问，而是积极想办法，主动创造环境，不断去尝试。

具体的方法当然远不止以上列出的这些，还有很多。例如，亲子阅读可以边读边玩游戏，做表演；读完书之后，和孩子做延伸，把书中的内容延伸到生活中；把孩子喜欢的电影或者与动画片相关的书给他们看或者读给他们听；等等。

只要我们理解和把握了对孩子进行阅读兴趣培养的根本之道，不仅能够想出更多的、适合自己孩子的方法，而且更重要的是，还能够确保这些方法有效。

因此，我们有必要再次强调，阅读兴趣培养的根本之道，是与书建立联结并带来好的阅读体验。

应该从什么时候开始培养孩子的阅读兴趣呢？当然是越早越好，出生后就可以进行。孩子出生后，对这个世界充满好奇，不断地在学习和适应他的生活环境。孩子一旦形成稳定的生活方式后，就很难改变，例如，孩子很小就接触手机、电视，那么再让他们对书和阅读产生兴趣就很困难。

越小开始培养阅读习惯，产生阅读兴趣就越容易，而且孩子的感受越深刻，对他们的影响就越深远。美国作家、诗人大卫·赫尔典说："我们小时候学会的东西都刻在了石头上，而长大后学会的东西却刻在了冰上。"

从 0 岁开始培养，行不行呢？要如何培养呢？请参阅后面的内容。

可能会有家长说，我之前错过了，现在孩子都上小学了，甚至都已经上初中了，还可以培养吗？

当然可以！什么时候开始都不晚！只不过，孩子越大，难度也越大，需要付出更多的努力。孩子大了，自主意识增强，已经形成了固有的习惯，并且时间相对也少很多（特别是上初中以后），这都给阅读兴趣培养带来很大困难，但只要家长下定决心，付出努力，也一定可以培养好。

只是很少有家长能够有如此坚定的信念并付出如此大的努力，所以往往孩子大了之后，再去培养，基本就很难了。因此，阅读兴趣培养，还是尽早开始。

培养孩子的阅读兴趣，特别要注意的是，千万不要用书或者阅读来惩罚孩子。比如对孩子说："如果你不听话，不乖乖吃饭，我就不给你买书了，晚上就不给你读书了。"

也千万不要拿阅读跟电视、游戏等"竞争"。比如，对孩子说，"不要看电视了""不要打游戏了""看书去"！或者说，"你如果不看书，就不给你看电视，就不给你玩手机了"！类似这样的说法，只会让孩子更加远离书籍和阅读。

关于对阅读兴趣的培养，有一个普遍的误区，在这里我特别想指出来——让孩子看书，不一定是在培养他们的阅读兴趣！

现在有各种"阅读打卡"，要求孩子每天阅读。很多家长按照要求，一天不落地打卡。如"21 天"打卡完成、"一学期"打卡完成，那么孩子阅读兴趣培养好了吗？显然不可能。这里肯定不是说"阅读打卡"不能做，而是在说，如果我们真的要培养孩子的阅读兴趣，就必须关注"阅读的过程是否能够给孩子带来好的体验"，而非关注连续读了多少天、读了多少本书。否则的话，为了完成打卡任务而逼着孩子读，就会本末倒置，即便是家长和孩子都付出很多，也不能让孩子爱上阅读，孩子还会慢慢失去阅读兴趣，甚至是讨厌阅读……

我们怎么判断孩子有多大的阅读兴趣呢？大概可以从以下几个方面去考察：

第一，是不是自觉自愿地去看书。如果每次都是在成人提醒或者催促下才去看书，显然孩子还没有什么阅读兴趣。

第二，是否经常主动看书，每次能够看多长时间。如果很少主动去看书，每次看很短时间后就不想再看，那也没有多少阅读兴趣。

第三，看书的时候是否很专注，是否很享受。

如果看书的时候很专注，别人说话都听不见，甚至很享受，那必然是有阅读兴趣的。

第四，看的书是否广泛多样。如果各种书都不排斥，甚至没有书看时只要有文字都会看，那说明已经有了良好的阅读兴趣；反之，如果对书很挑剔，找不到自己喜欢的书就不看，那从某种程度上反映阅读兴趣还不够浓厚。

另外，还需要指出的是，对阅读兴趣的培养是一个"润物细无声"且十分漫长的过程！也就是说，没有任何一种方法能够一下子把孩子的阅读兴趣培养出来，它需要点点滴滴地去做，而且绝不是三五个月就能够做好的，可能需要三五年，甚至更长时间。孩子一般不可能对阅读一点儿都不感兴趣，但如果我们要让孩子对阅读有足够浓厚的兴趣，就得持续地去培养。

　　阅读兴趣直接决定了阅读培养的成败，阅读兴趣的重要性无论如何强调都不为过。因此，在阅读培养过程中时刻要牢记：任何时候都要保护而千万不要破坏孩子的阅读兴趣。

阅读量

发展孩子阅读能力最基本、最容易的方式

不少家长有这样一个疑惑：为什么孩子"看了很多书"，就是看不到有什么"效果"呢？

他们讲的"效果"说白了，就是指学业学习的表现如何。例如，阅读理解题目还是做错，作文还是写不好，语文成绩也没有怎么提高。

这个问题让人很困惑，甚至是恼火，因为感觉花了那么多宝贵的时间看书，却依然"没啥作用"。相当一部分家长因此不再相信阅读了，转而寻求"快速见效"的方法。就这样，孩子的阅读之路就慢下来了，甚至停滞不前了，这是非常可怕的。因为，一旦落下，后面再赶上去是极为困难的事！为什么这么多孩子到后来阅读落后得越来越多，而且几乎都补不上去？其中一个非常常见的原因就在于此。

毫无疑问，多看书对阅读理解、作文提升和语文学习都有帮助。但很多人认为只要孩子看书，阅读理解题目就不会出错，作文就会写好。实际上，需要考虑的方面有很多，例如，孩子的阅读量真的是"很多"吗？

孩子读的书品质是否足够好？孩子读得如何？是否有足够

的深度和思考？是否有交流和探讨？孩子在阅读过程中是否掌握了必要的阅读策略？

除此之外，阅读理解题的正确率有时候并不能直接反映出孩子的阅读能力，因为这还要看阅读理解题目设置及"答案"的评判标准。再就是阅读虽然有助于写作，但阅读和写作是两种不同的技能。阅读是输入，而写作是输出，阅读好，并不等同于写作就一定好。

这么多复杂的因素，我们暂且不考虑其他的，先只说最简单的一个，那就是阅读量。

经常遇到家长说自己孩子看了很多书了，要是细问，一年能看多少本书啊？往往就说不清楚了。

300 本有吗？——那没有。

200 本有吗？——也没有。

150 本有吗？——应该没有。

那 100 本呢？——嗯，差不多吧……

那些说自己孩子看了很多书的家长，一般来说，他们的孩子每年阅读量不超过 150 本，甚至连 100 本都不到，一年看了七八十本书、四五十本书，他们就觉得很多了……

而实际上，不少孩子阅读量每年能够达到 200 本左右，甚至 300 本以上。（书的厚度或者说字数要根据孩子的阅读水平而变化，低年级可能就是绘本、桥梁书或者漫画书，高年级可以是十几万字、二十几万字的书。）

也就是说，大量阅读，这个"量"是超出很多人的想象的。

另外，有的孩子每年的阅读量也有二三百本，但自主阅读才一两年，就期望孩子在阅读理解和作文方面都有所"体现"，体现出所谓的阅读效果。

　　这就是大量阅读的"量"另外一个超出大多数人想象的方面：并非两三年的大量阅读，就能够在做阅读理解题、写作文等应试上体现出优势来。

　　我们说阅读是一个长期而渐进的过程，这里的"长期而渐进"就是量的积累，而这个"量"的积累，并不是三五百本书，甚至都不是三五年，可能是更久，比如需要在小学六年甚至包括学龄前几年里持续大量阅读积累的时间！

　　而我们通常在孩子自主阅读两三年之后，甚至孩子还没有开始自主阅读，就要看到"效果"。如果看不到效果，就对阅读产生怀疑，失去信心，然后转而寻求所谓"快速见效"的办法……

　　大量阅读就相当于在打地基，需要很长时间；而在打地基的阶段是看不到什么拔地而起的"效果"的。

　　据说，有一种植物会花很长时间扎根，根扎得又深又多，在扎根的时候，几乎看不到长高，一旦根扎好，后面的生长就很快，而且生命力特别强。

　　我们也可以用它来理解大量阅读，其实大量阅读就像那个扎根的过程。

　　然而，太多家长由于看不到"生长"，就去想尽办法、花大价钱"拔苗助长"，例如花数万块钱让孩子去学所谓的"量子波动速读"这种"伪阅读"，这不仅不能培养好孩子的阅读，反而对孩子的阅读发展和心理成长是一种伤害。

　　由此可见，很多人对于阅读量的理解还不够，因此，孩子的阅读培养往往"半途而废"，或者"停滞于打地基的水平"，见不到所谓的"效果"，是再正常不过的了。

　　不是阅读没有用，而是很多人还远没有把孩子的阅读培养好，连最起码的阅读量都远远不够，更不用谈其他更复杂的因素了……

最后，还有必要补充一句，这里只是在强调"大量阅读"是提升孩子阅读能力的基础。事实上，阅读能力的提升，基本和必要的方式就是大量阅读，而不是一味地只追求阅读量。

如果没有足够的阅读量，用什么方法都无法提升孩子的阅读能力，这就与没有体能基础，怎么学习跑步的技巧，速度也提升不了是一样的道理。

大量阅读，我们都听说过，但只有真正明确阅读量的概念、真正理解其重要性之后，才能够看清阅读培养的方向，理解阅读过程中出现的一些现象，解决阅读培养上的一些困难、问题和挑战。例如，孩子看轻松读物、看漫画，怎么办啊？孩子看书的时候，要不要读出声音？要不要做摘抄、批注，写读后感，做练习题？为什么要尊重孩子的阅读偏好和阅读方式？时间不够，是不是就可以减少或停止阅读？

……

这些问题，都与上述"阅读量"和"大量阅读"相关。

看漫画、看轻松读物，能够很好地实现大量阅读，因为这些书，几乎所有孩子都会看，并不需要我们费多大劲儿去推荐和引导；而我们如果不允许孩子看这些书，只让他们看那些有深度的、品质一流的书，恐怕就很难有大量阅读了，特别是在孩子刚开始自主阅读的前几年尤为如此。

我们都知道，孩子应尽可能看品质一流的好书，但这里有个非常关键的前提往往被忽视掉，就是孩子要能够看、愿意看、乐意看才行。

试想，就算孩子看的书全部都是品质一流的书，但由于很费劲、很痛苦，阅读能发展好吗？这还不如先多看一些漫画、轻松读物。

关于这一点，著名语言学家、阅读教育理论研究者斯蒂芬·克拉生在其最核心的阅读教育专著《阅读的力量》中已经做了大量的论证。书中主要论述"自由自主阅读"（Free Voluntary Reading，简称 FVR）对孩子阅读、语文等方面起到的重要作用。而自由自主阅读之所以能够起到这些作用，产生巨大的力量，其中一个重要原因，就是它会自然带来大量阅读。

自由自主阅读，就是因想阅读而阅读：孩子可以选择自己喜欢的书，选择读的时间、方式，不用做摘抄、批注，写读后感等。如想深入了解"自由自主阅读"，可以参考《阅读的力量》。

大量阅读，就必然有个重要的隐性要求，那就是要给予孩子更多的阅读时间，保证有足够的阅读时间。

而实际上，孩子经常缺乏阅读时间。

家长觉得阅读重要，但往往是给孩子报了各种课外班，时间被安排得满满的，唯独没有留下多少阅读的时间。学校说要重视学生的阅读培养，但布置过多的作业，孩子做完作业根本就没有多少空余的时间了。于是，每天的阅读量就减少，或者就不读了，反正一天两天，甚至一个学期两个学期不读书，也看不出有什么区别。

时间不足是目前影响孩子大量阅读、影响孩子阅读培养的一个很普遍的"致命"因素，就像一服慢性毒药，伤害着孩子的阅读发展……

虽然这根本在于我们对阅读培养的重视程度不够，对阅读的意义认识不足，但也跟我们普遍没有明确阅读量的概念、没有理解大量阅读的重要性有着直接的关系！

　　除了时间保障，要实现大量阅读，还有一个关键点，就是平时孩子的阅读，一定是自发自愿的，也就是说孩子自己愿意看、乐意看，才更可行；否则，靠布置作业、任务或者家长、老师督促等方式实现"大量阅读"是不可行的。这里，又再次凸显了内在的驱动力，即阅读兴趣的重要性。

阅读品质

进一步提升孩子阅读能力必须考虑的因素

为什么看了很多书，阅读和写作还是不够好？

前面我们说了一个最简单的因素就是阅读量。那么，除了阅读量，阅读品质显然也是不可忽视的重要的影响因素。

孩子看了很多书，即便真的是"很多"书，但看的是什么书呢？这个问题可能是不少家长没有考虑到的。

首先，应当可以明确的是，书和书是不一样的。有的轻松易读，不需要"太费脑子"；有的读起来就不那么轻松，需要费些心力才能读得明白。书籍是精神的食粮，不妨用食品来打个比方：有的书就像零食一样，显然也是能吃的；有的书就像正餐，一般来说，正餐的营养会更丰富全面一些，相对也更健康。

看轻松读物、品质不高的书，不是不可以，也是有助于孩子阅读发展的，但如果一个孩子看了很多书，几乎都是这类书；而另外一个孩子同样看了很多书，但大部分都是品质更高的、需要更多深度思考的书，显然，后一个孩子的阅读提升可能更大一些。

实际上，现在很多孩子看的书，多半是轻松易读、品质不太高的书，而那些品质一流的、读起来要费点儿劲的好书，却很少有人问津。当然，首先要说，这也是儿童阅读的一个特点，是比较正常的现象。

这里有一个非常关键的问题：我们做了什么？我们给孩子提供了哪些帮助和引导？我们在孩子阅读培养上，所做的无非就是给他们书或者给孩子们读书。

即便如此，我们首先要确定一个最起码的方面，那就是这些书品质如何？

大多数人在给孩子书的时候，都认为那些书是品质一流的好书。然而，实际上却并非如此！不少人给孩子的书，不仅不是品质一流的好书，而且很可能是二流、三流，甚至是品质较差的书。

有的书只是书名跟经典好书的名字一样，但内容已经做了很大的更改，比如不少改写版的名著、公版书。还有的书也确实是品质一流的经典好书，但很可惜不适合孩子的年龄段，不适合孩子的阅读水平、认知水平等。

当然，也有一些书，既是品质一流的好书，也较为适合孩子的年龄段，但是不符合孩子的阅读偏好，孩子不喜欢看、不愿意看。

前两种情况，显然就是书没有选好！其实后两种情况，也是书没有选好。再好的书，不适合孩子，孩子不喜欢看，对于这个孩子来说，就不是好书。

但我们往往又不能自我觉察到这一点，既然把书给了孩子，一般都认为那是好书。这主要是由于这一代成人，对童书并不了解，因为现在的童书跟之前的相比，已经发生了翻天覆地的变化——无论在数量上、种类上都远远超过以往很多倍！

现在有更适合孩子阅读的书，甚至有的书就是专门给不同年龄段的孩子设计的书。

现在适合孩子看的品质一流的好书有很多，多到没有任何一个孩子能够看得完。另外，品质不太好、不好、很差的书，数量更多。这就必然造成好书虽然很多，但要把它们从这么多书中筛选出来，还是很有难度的。

我们给孩子选书，往往难以超出自己以往的经验，所以就把自己小时候看过的、听过的"好书"拿给孩子看。但现在有更适合的、品质更好的、孩子更喜欢的书，由于家长之前没有看过、没有听过这些书，不在其认知范围内，所以根本选不到这些书。

另外，我们对童书的了解也不多，虽然可以通过书单、推荐、销量去选择，但一般自己难以确定这些书是否好、搞不清楚到底为什么好。

常见的一个现象是，我们以为很好的书，就拿给孩子看，孩子往往不太乐意看，或者就算看，也是因为孩子有良好的阅读兴趣才看的。这些书往往不是"以儿童为本位"的，往往都是成人视角下的好书，甚至这些书就是去"规制"孩子的，以便达到成人的一些功利目的。这样的书，孩子喜欢看，反而不一定是好事……

甚至极个别的书宣扬封建道德，对孩子进行规制驯化，一味地让孩子顺从听话，虽然迎合了一些成人的心理，却不符合现代儿童观、教育观，违背了儿童身心发展规律。让孩子看这样的书，既不利于孩子成长，也浪费了孩子宝贵的成长时间。

当然，这里必须还要补充一句：孩子看的书即使不是那么好，也是正常的，并且是可以接受的，千万不要把所谓的好书塞给他们，让他们一股脑儿全部看完。这样就会走到另外一个误区了。我们需要做的是，在尊重和接受孩子读的那些你认为不够好的书的前提下，去引导他们看更多的好书。

那么，现在的书特别多，在售的童书超过50多万种，每年新出版的书超过6亿册（4万种），如何选择品质更好的书？如何引导孩子尽可能多地读好书呢？

越来越多的人根据社群、公众号、短视频、自媒体等的推荐来给孩子选书，或者就是根据老师发的书单、熟人的介绍给孩子选书，当然，也有人是根据自己的经验来给孩子选书，把自己小时候看过或听过的"好书"，给自己的孩子看。

以上这些，有的还可以考虑作为一种选书的方法，有的就太不靠谱了。网上的推荐，当然可以作为参考。但那些推荐，往往只是从某个角度考虑的，甚至有些书单只是为了卖书，尤其是一些新出版的书，社群、公众号及自媒体花很多篇幅去推荐的，不排除有好书，但基本上还是以卖书为主。

很多家长对学校老师下发的书单深信不疑，甚至将其"奉为圣旨"，其实那些书单大多数也只不过是从网上拿来的，并不一定适合班上孩子的阅读情况，甚至还有摊派下来的书单（这些书单由于某种利益关系，进入了学校，这是最可恶的），利用家长对学校的信任，玷污了原本很纯洁的校园……

仅根据自己的经验给孩子找书并不可取。

书单和推荐，当然是有其作用的，但这里有个关键的问题：我们自己能够判断那些书到底是好是坏吗？

这个问题，也许能够让我们稍稍感受到"选好书"并不是那么容易。事实上，要选好书，是非常困难的。了解童书、了解儿童阅读、了解儿童是前提，还要有大量阅读和大量的实践经验。

要做到这一点，短时间内是无法完成的；不付出大量努力也是无法完成的。所以，国外的图书馆，有图书馆馆员的职位，专门"为人找书、为书找人"，而不是像图书管理员那样只是"管理书籍"，只是把书看管好、整理好。

当然，对于家长来说，并不需要达到图书馆馆员的水平。他们只需要对童书多了解一些就好。那么，不妨从以下几个方面去选择书，简单易行：

第一，作者。好书一定是好的作者写出来的。因此，我们可以了解世界一流的作者有哪些，他们写的童书，特别是代表作，基本都是世界一流的童书。

举个例子，很多人都知道《格林童话》的作者是德国的格林兄弟，但20世纪还有一位能够与格林兄弟相提并论的童书作家，知道的人可能就不多了，他就是凯斯特纳。很多人让孩子看《格林童话》，但凯斯特纳的书，却很少有人给孩子看……

当然，除凯斯特纳之外，还有很多世界一流的童书作家，例如，阿斯特丽德·林格伦、E.B.怀特、罗尔德·达尔、罗兰·英格斯·怀德、贾尼·罗大里、奥斯卡·王尔德、格雷厄姆、休·洛夫廷、A.A.米尔恩、帕·林·特拉芙斯、安东尼·德·圣埃克苏佩里、托芙·扬松、C.S.刘易斯、米切尔·恩德等。

世界一流的绘本作家，那就更多了，例如，谢尔·希尔弗斯坦、大卫·威斯纳、大卫·香农、安东尼·布朗、艾瑞·卡尔、约翰·伯宁罕、李欧·李奥尼、莫·威廉斯、莫里斯·桑达克、艾兹拉·杰克·季兹、凯文·汉克斯、迪克·布鲁纳、大卫·麦基、汤米·温格尔、山姆·麦克布雷尼、玛格丽特·怀兹·布朗、罗伯特·麦克洛斯基、安野光雅、五味太郎等。

一流作家的作品，不少都是一流品质的好书；虽然不是本本经典，但总不会差。

第二，奖项。权威的童书奖项，也可以帮助我们去判断。虽然不是说没有获奖的书就不是好书，也不是说所有获奖的书都是一流的好书，但从大概率上讲，获奖的书更可能是好书。

这里说的奖项，指的是比较权威的奖项。例如，绘本中的"凯迪克奖"（美国）和"凯特·格林纳威奖"（英国），中国的"丰子恺儿童图画书奖"也能够代表中国原创图画书的高水准。获得国际"安徒生奖插画奖"的作家，他们的绘本作品也具有一流的水准（至少插画更可能是这样）。

儿童文学，以美国的"纽伯瑞儿童文学奖"最为出名和权威。

第三，出版公司、出版社。例如：信谊、蒲蒲兰、启发、爱心树、蒲公英、步印等品牌童书，以及南海出版社、新蕾出版社、人民文学出版社、接力出版社、二十一世纪出版社、明天出版社、少年儿童出版社等出版社出版的童书（特别是他们的"镇社之书"）往往都是品质一流的好书。

通过以上 3 个方面，我们可以做出大致的判断；如果对作者、奖项和出版公司或出版社比较熟悉，判断就更容易一些。

当然，要深入了解一本书，还需要去阅读；进一步地，是深入去了解童书、儿童阅读和儿童，而这是无止境的。

下面说几个选书的误区：

第一，假名著。很多人喜欢给孩子看名著，但其实选的多半都不是真正的名著，而只是改写版、缩写版，这些只是书名跟名著一样，其实已经不是真正的名著了，是"假名著"。这种"假名著"早已失去了名著原有的特质，就好像用香精色素勾兑的水果汁，跟真正的水果肯定不一样。

第二，买新书。很多人喜欢买新书，就是新出版的书。买书跟买衣服不一样，衣服可能讲究流行时尚，但书却讲究品质。而那些流传久远的经典书籍，往往才更可能是品质一流的。

第三，买推广的书。很多人在社群、自媒体看到别人推介书就觉得好，忍不住去买。其实所有的书，都能够找到一些卖点。经典好书太多了，多到没有一个孩子可以看完，为何不多给孩子看看那些经过数十年、上百年的时间，经过全世界各个国家孩子检验过、流传下来的好书呢？

第四，买符合自己偏好的书。很多家长给孩子买书都是从自己的角度去考虑，买自己认为好的书。但书是给孩子看的，我们首先应当从孩子的角度去考虑，看看是否适合孩子，是否符合孩子的阅读偏好，是否能够满足孩子的需求。

另外，还有一个十分普遍的现象，就是很多人只想着找好书，把心思都放在了找到那些好书上，找到之后，就以为万事大吉了，交给孩子，以为孩子一定就会看。很不幸的是，辛辛苦苦寻来的好书，孩子往往没什么兴致，甚至看都不看一眼，就说不好看、不喜欢。宁愿把以前看过的书再看一遍也不去摸这些家长寻来的好书。

这种失落、失望，家长怎能受得了？于是就责怪孩子。好书反而成了折磨孩子的"刑具"。关于孩子为什么不愿意看这些好书，以及如何让孩子看这些好书，请参见本书后面内容："常见问题"中的"如何让孩子看好书"？

阅读品质，除了读好书，还有另外一个方面，就是读得更深入。很多人都发现孩子看书都很快，似乎是泛泛而读，只看情节，缺少深度阅读和思考，也几乎没有什么探讨。

这当然是很正常的现象，因为它符合儿童阅读的特点。要求孩子去细细品味、画重点、做批注、画"思维导图"，以便达到所谓的"精读"，这实在不太可行。借助这些方法确实有助于"精读"，对于成人来说，也许是比较好的方法；但对于儿童来说，并不符合他们的阅读特点。我们常常有个误区，以为对于成人很好的阅读方法，对儿童也是好的，就想方设法让孩子也去使用那些方法。这种误区往往导致费力不讨好，最终适得其反。实际上，再好的阅读方法，也不一定适合每个人，对成人来说尚且如此，对儿童来说，更是这样。

那么，孩子就不能读得更加深入、不能进行所谓的"精读"了吗？当然能！而且，孩子或多或少地已经用他们自己的方式深入阅读了。这种方式就是反复阅读同一本书。

很多人可能会说，反复读一本书算什么"精读"啊。现实生活中，有不少家长对孩子反复读一本书不太能理解，甚至不希望孩子反复读。这其实说明，反复阅读的价值还没有被普遍认识到。

反复阅读是深入理解一本书最基本的方式，甚至也可以说是必要的方式。因为要想精读一本书，只读一遍，肯定是不够的，无论低龄的孩子，还是大龄儿童，或者是成人，都是如此。研究《红楼梦》的人，必然会把《红楼梦》读很多遍，即便只是感兴趣，读第二遍也肯定会比读第一遍多一些领悟，读十遍显然比读一遍要理解得更透彻，收获会更多。

我们都希望孩子读书的时候能够有一定深度，而不是泛泛而读，只看故事情节；如果没有人对孩子进行适当的引导，那么孩子很难掌握精读的策略；当然他们一般也不愿意搞什么精读。

而反复阅读其实就是一种最基本的精读方式，并且可以自然发生。很多孩子遇到喜欢的书，一看就是好几遍，对里面的内容非常熟悉，简直就是个"小专家"。这就是反复阅读带来的效果。

所以，我们应当看到反复阅读的价值。如果看到反复阅读的价值，就会理解并坚定地支持孩子反复阅读。

除反复阅读外，还有没有其他的方式可以让孩子读得更深入，进一步提升阅读品质？当然有。那就是阅读之后进行交流和探讨。

读完一本书，然后跟别人聊聊自己的感受、想法、疑惑或者发现，实际上就是对这本书内容的回顾、整理、总结和评价。在这个过程中，必然会促进自己对这本书的理解和思考，同时也是表达上的锻炼。再听听别人聊聊这本书，又能够增加新的视角、获得新的启发，进一步促进自己对这本书的理解和思考。

艾登·钱伯斯在《说来听听：儿童、阅读与讨论》一书中引用了一句话：

除非我们把读过的书拿出来讨论，否则我们无法真正明白自己对这本书的看法。

因此，阅读之后的交流和探讨，能够有效促进对于书的深入理解和思考，从而实现所谓的"精读"。然而，平时孩子几乎没有机会进行阅读之后的交流和探讨。

对此，只要想想我们是怎么让孩子"说一说"的，就明白他们为什么不愿意了。我们通常是这样对孩子说的：看完这本书，你有什么收获？给我说说这本书讲了什么？这本书，主要告诉我们什么道理？

诸如此类的问题，让孩子无所适从，难以"启齿"，而且往往还是居高临下的态度，以要求、命令的口吻让他们"分享"。这样的方式，孩子不愿意说、说不出太多东西就不足为奇了。就好像员工看完电影，领导要求必须要写观后感一样，这种压迫感，不仅让我们不愿意写，而且在看电影的时候，也难以投入。

还有一个关键因素，就是孩子看的那本书，我们通常都没有看过，甚至一点儿都不了解，就算孩子想跟我们聊一聊，也很难交流、探讨下去。这就相当于领导让员工谈一谈所看的电影，但他自己却一无所知，甚至不感兴趣，想一想是不是很难真正地交流、探讨？

因此，要让孩子读完书之后聊一聊，很重要的一点就是自己也要把那本书读一读。这样，才有共同的话题，才有共同的"语境"。既然是交流、探讨，那自己总得有点儿"东西"可以拿出来交流吧？

如果自己实在没有时间读，那就做一个好的倾听者。当然，如果孩子愿意分享的话。

还有一点也很重要，就是彼此一定是平等的身份，我们不能高高在上地去要求、命令、质问孩子。很多孩子不愿意说，就是因为我们的"态度"不对，让孩子难受，感到有压力。

当然，还有具体的技巧也是重要的影响因素。比如，上面提到的家长常见的提问："这本书主要讲了什么？""你觉得这本书怎么样？"这样的问题，孩子要么难以回答，要么就随口敷衍一句，就没有下文了……

我们不妨提一些比较好聊的、具体一点儿的问题，例如，这本书中有没有你喜欢的地方？有没有你喜欢的角色？有没有觉得有意思的情节？这本书中有没有你不喜欢的？有没有觉得无聊的部分？这本书中有没有让你感到困惑的？有没有什么情节是完全出乎你意料的？之前读的书，有没有跟这本书有类似的感觉？如果作者在出版这本书之前向你请教，是否有修改的地方，你会给作者什么建议？如果要把这本书介绍给你最好的朋友，你会怎么对他说？有没有什么情节实际发展需要很长时间，但书里只用了几句话？或者相反，弹指间的事，作者却花了很多篇幅讲述？书里的角色有没有跟你认识的人比较像的？这个故事是谁讲述的？

这样的问题，相对来说，孩子就比较容易"有话说"。当然类似的问题还有很多，大家可以参考艾登·钱伯斯的《说来听听：儿童、阅读与讨论》。

这里，特别要提醒一句，千万不要弄成了对问题清单的一一作答。如果这样，再好回答的问题，孩子也不愿意去回答了。这些问题主要的目的是让交流和探讨更好地进行下去，从而给孩子启发和思考。

一定要以交谈得融洽、自然为前提！千万不要预设问题的答案。否则，就变成了对孩子的"折磨"了……

阅读策略

让孩子成为优秀的阅读者

不同的人阅读能力是有差异的，无论是孩子还是成人都是如此！那么，为什么会有这种差异呢？

除了前面提到的阅读兴趣、阅读量和阅读品质，还有一个非常重要的因素，就是阅读策略。

有研究表明，熟练的阅读者都掌握了一些必备的阅读策略。这里所指的熟练的阅读者，就是我们平时所说的阅读能力较强的人。

那么，什么是阅读策略呢？就不得不说到"认字"。很多人都会认为一个人能够认读出字词并且理解它的意思就可以阅读了，其实并非如此，认字和阅读是两个不同的概念，虽然二者相关，但这是两个不同的心理过程。

如果大家认为把每个字都认出来，就是阅读的过程，那么请读一读下面这段话：

道可道，非常道；名可名，非常名。无名，天地之始，有名，万物之母。故常无欲，以观其妙，常有欲，以观其徼。此两者，同出而异名，同谓之玄，玄之又玄，众妙之门。

这段话里的每个字我们都认识，但是很可能不理解是什么意思。

再看看下面这段话：

我以为是微风过处，一张老树叶抖动了一下，却原来是第一只蝴蝶飞出来了。我以为是自己眼冒金星，却原来是第一朵花儿开放了。

这是俄罗斯作家、诗人普利什文的一篇完整的小散文，标题是《第一朵花儿》。这段文字也很简单，但不同的人读，获取到的意义应该也有很大的不同。

通过阅读上面两段文字，大家应该都感受到了，光把字认出来，还不能算作阅读，要真正地阅读，还必须"通过文字构建意义"。这个构建意义的过程，不仅需要被动解码文字，还需要阅读者主动把自己原有的知识经验利用起来，结合文字产生更多的（独特的）意义。而如何主动调动自己的原有经验，如何将原有经验与文字融合构建意义，这显然就需要方法了。简单地说，阅读策略就是理解文本的方法。

常用的阅读策略有联结、提问、图像化、推测和转化等。良好的阅读者都熟练掌握了这些阅读策略，并在阅读过程中会自觉或不自觉地使用这些阅读策略。

例如，对于普利什文的《第一朵花儿》这篇小散文，即便对于小学生来说这里面应该也没有生字，字面的意思也不难理解，但是要获取到隐藏在文字背后更加丰富的意义，就必然需要一些阅读策略了。

　　例如，我们会调用自己的生活经验，结合文字去理解和构建出这样的意义：冬天刚刚过去，春天将要到来，大自然开始展现出蓬勃生机。这种调用相关生活经验或者阅读经验来理解文本的方法就是一种阅读策略，被称为"联结"。

　　另外，我们很可能会质疑文中的两个"第一"，为什么会是第一？接下来自然就会根据初春花儿刚开放，蝴蝶也才开始活动这样的生活经历来推测，这篇文字应该是描述初春，那么像"老树叶""微风"这样的文字我们也都能通过上下文来理解背后的真正意思了。这用到了"提问"和"推测"这样的阅读策略。

　　阅读策略能够有效提升阅读能力，对孩子的阅读发展具有非常重要的作用。因此，统编版语文课本加入了阅读策略学习单元，这在语文教材历史上还是第一次，具有划时代的意义！它从教学生"读懂什么"到教学生"怎么读懂"。也就是从对具体文本内容的理解到通用方法的掌握，是更底层的"元认知"的学习。

　　如果大家查阅统编版语文课本四年级上册第四单元的内容，就可以看到这是阅读策略单元。这个单元主要学习的是"推测"策略。从单元开篇就对"推测"阅读策略做了说明介绍，并提出了任务目标。从课文标题开始，就引导、示范学生进行"推测"；课文内文里也有多处"推测"的范例；课文后面还有相应的练习。在单元最后，还有对"推测"阅读策略的小结。

　　统编版语文课本还有"图像化""提问""推测"等策略单元。

　　可能有的人会说，我们之前也没有学过这些阅读策略啊，难道就不能成为一个熟练的阅读者了吗？当然不是！因为阅读策略的掌握有两种主要的方式：一是在大量阅读中逐渐摸索、慢慢积累；二是有针对性地学习、训练。但不管哪种方式，只要是熟练的阅读者，都必然掌握并且能够在阅读中使用阅读策略！只不过前者是无意识地、不自觉地使用；而后者是有意识地、自觉地使用。

这就好像是骑自行车，我们并不知道需要哪些平衡，也不考虑使用什么技巧，只要骑得多了，就自然掌握了平衡，不会摔倒，并且能够越来越熟练，如单手脱把、双手脱把、上车、转弯、停车都游刃有余。但是，如果学习一些骑车的技巧，做专门的训练，显然能够进一步提高骑自行车的能力。虽然能够熟练骑自行车的人很多，但是要参加自行车比赛并取得好的成绩，无一例外都需要经过长期的系统学习、大量的专业训练。

目前，我们对阅读策略的认识还不够，因为之前主要是关注于文本内容的理解，这本身没有问题，因为我们学习阅读策略也是为了更好地理解文本内容。但如果缺少了阅读策略，我们就会发现，很难教孩子更加深入地理解文本内容。即便我们对文本理解很深入，但是我们怎么教会孩子也能够有这种理解呢？以前，基本就是让孩子自己体会、思考，然后，把所谓的"标准答案"提供给他们，让他们去对照，就算孩子看了之后，对这段文本有了更多的理解，但这并没有告诉孩子怎么才能获得这样的理解。也就是说，没有告诉孩子理解文本的通用方法，"标准答案"只是给了孩子"鱼"，但孩子却没有得到获得"鱼"的方法，也就是说没有得到"渔"。所以，等到他们读下一个文本，仍然不知道使用哪些方法才能帮助他们深入理解和思考。

因此，这就要求老师和家长在观念上做一些改变，从以前关注给孩子"鱼"，到教给孩子"渔"。也就是说，不仅要关注孩子对文本内容的理解，更要教会他们怎么去理解文本内容，即教孩子阅读策略。我们需要给孩子更多的示范，给孩子更多练习的机会，促进孩子进行更多的思考，而不是只把关注点和精力放在让孩子获得那个所谓的"正确的理解"或者说"标准答案"上。因此，只要孩子有自己的思考，特别是基于文本的思考，就是值得鼓励的，千万不要忽视，也不要去评判对错，更不要一心只想着得到一个什么"正确答案"。只要孩子学会了方法、掌握了阅读策略，懂得了如何深入思考，那远远比他在那段文本上获得多么"正确、标准的答案"重要得多。因为，他以后读任何文本都知道如何去思考，都更可能理解得更深入……

阅读培养"金字塔"小结

培养好孩子阅读的"秘方"

我们通篇说的"金字塔",其最下面是"阅读兴趣",这是我们最需要关注的。因为这是儿童阅读的基础和前提,所以,任何时候都要将阅读兴趣放在首位。

阅读发展必须要有足够的"阅读量",因此,大量阅读是孩子阅读发展必要且基本的方式。在阅读品质和阅读量不能兼顾的时候,就先保证阅读量。

进一步发展,就要考虑"阅读品质"。经过大量阅读,孩子的阅读必然有所提升,但这还不够,还要提升阅读品质,才能让孩子的阅读更进一步。

而要想脱颖而出,促进孩子阅读向更高层次发展,那么让孩子掌握作为熟练阅读者所必备的"阅读策略",就非常重要了。

当然,这一切的前提,都需要家长足够认识到阅读的意义,足够地重视对孩子的阅读培养。因为这是对儿童阅读培养的动力源!

有了足够的动力,参照阅读培养"金字塔"的图纸"按图索骥",孩子的阅读能力一定可以培养得更好!

阅读的不同阶段：0~2岁

不可忽视的、影响深远的最佳阶段

阅读培养越早开始越好，出生后就可以进行。

很多人会问：这么小能读吗？

还有人会问：这么小有必要读吗？

下面我们就来看看这两个问题。

第一，不到1岁的孩子能读吗？

绝大部分人不理解出生后就开始阅读，主要的一个原因就是认为孩子太小，根本没办法阅读。他们认为，别说1岁前，就是到两三岁也不能读啊，最起码也要到上幼儿园，甚至上小学才能阅读吧。

导致这个误区的内在原因，是对早期阅读的概念不清楚。一说到阅读，很多人想的就是成人的阅读，拿着书读上面的文字。而早期阅读跟成人的这种阅读是不同的，二者有非常大的区别。

早期阅读在阅读方式和读物类型两个方面都有很大不同。早期阅读，并非像成人阅读那样，一个人自己拿着书看；而是以亲子阅读为主，也就是说，主要是父母或者其他成人和孩子一起阅读。孩子不需要认字，甚至不需要拿书或翻页。

另外，早期阅读，孩子并非只是用眼睛看，也可以用耳朵听，还可以用手摸、用手捏、用手抠，甚至是用嘴咬。

　　除了阅读方式跟成人不同，早期阅读的读物也跟成人读物有很大不同。

　　成人的读物多半只是普通纸张做成的书，书上大多都是文字；早期读物除了用纸做成的，还有用布做的，用环保塑料做的，用纸板加其他各种有触感的材料做的，等等。这些书一般文字较少、图画较多，有的还能够发出响声，有各种触感、放在水里还能变色，等等。

　　从上面说的阅读方式和读物类型，显然可以看出，早期阅读跟成人阅读有很大不同，1 岁不到的孩子完全可以阅读。

　　父母拿一本书，大声朗读，将这种愉悦的感受通过声音传递给孩子，是早期阅读。例如，父母将自己喜欢的书读给胎儿、4~6 个月前的婴儿听。

　　父母拿一本书，读或唱上面的儿歌童谣给孩子听，是早期阅读。

　　父母拿一本书，将适宜的图案给孩子看，引发孩子的注视，是早期阅读。例如，给 0~18 个月的婴幼儿看视觉激发卡。

　　父母拿一些布做的几页小书给孩子，孩子撕、拽、咬、啃，是早期阅读。

　　父母拿一些一捏就可以发出声音的书给孩子，孩子捏一捏、拍一拍，是早期阅读。

　　父母拿一些不怕水的材料做出的小书，在孩子洗澡的时候，让孩子放在水里玩儿，是早期阅读。

　　父母拿一些里面有各种材质、不同触感的触摸书，孩子摸一摸，是早期阅读。

　　父母拿一些用厚纸板做成的只有几页的纸板书给孩子，孩子翻一翻，是早期阅读。

父母拿一些命名认物、认知、故事图画书读给孩子听，是早期阅读。

孩子拿到上述图画书自己翻一翻、看一看（即便是颠倒了），是早期阅读。

孩子拿到上述图画书，看看、指指、问问，甚至自言自语（或叫，或发出听不懂的声音），是早期阅读。

当然，孩子看图，毫无疑问，也是早期阅读。

了解了早期阅读之后，我们就不难理解，0岁开始阅读完全可行。

第二，我们有必要在孩子这么小就开始让他们阅读吗？

从0岁开始阅读有什么意义呢？从0岁开始阅读给孩子带来的益处很多。例如，可以促进孩子的视觉、语言、认知发展，培养孩子的阅读兴趣，增进亲子关系，等等。

婴儿的视觉在头一个月内发展非常迅速，并且呈现一定的偏好。例如，开始对黑白、暖色、人脸和对比强烈的图案等感兴趣。这时候，给孩子偏好的颜色、图案看，顺应孩子的发展需求，会促进视觉更好地发育。

孩子一出生不会说话，但他们在1岁左右就能够说出第一个词；能够听懂的词更多。在短短一年左右的时间里，孩子的语言能力发展如此迅速，语言环境起着至关重要的作用！所以，孩子一出生，父母就对他们说话，即便当时他们既不会说，也听不懂。

借助童书，父母可以有机会跟孩子说更多的话，说更丰富的话，还可以借机与孩子互动。并且，儿歌童谣，朗朗上口，合辙押韵，富有韵律感，这对孩子的语言发展都会起到促进作用。

孩子出生后，对他来到的这个世界，感到陌生而又充满好奇。

正是这种天生的好奇心，让他们不断认识自己、认识他人、认识这个世界。虽然没有早期阅读，孩子也能够通过现实生活来认知。但借助低幼认知童书，可以弥补现实经验的不足，更好地帮助他们对自己、他人和这个世界进行认知，从而更好地促进他们的认知发展。

人类在 2 岁前，脑神经发育非常迅速，建立起的神经联结数以亿计，甚至比成人还要多。

儿童发展心理学研究表明，神经系统在 2 岁前比其他任何系统发育得都要快。因此，在这个阶段，给予孩子丰富而恰当的环境，必然对他们的成长有助益。

另外，还有一个更重要的方面，就是早期阅读，可以通过童书、阅读，为亲子建立很好的联结，为亲子间提供更多的交流和互动。这不仅是一种高品质的陪伴，帮助孩子建立良好的安全依恋关系，也是一种亲子共享的美好生命时光。

事实上，早期阅读带来的益处超乎我们的想象，远不止上面提到的这些。

因此，全世界很多发达国家和地区，都从国家层面制定政策，以推动从 0 岁开始阅读。

英国早在 1992 年，美国在 1995 年，德国在 1998 年，中国台湾地区也在早些年，开始推动从 0 岁阅读。深圳近年来也有类似的公益项目。可以说，从 0 岁阅读，已经成为全世界的共识。

虽然我们上面说了很多从 0 岁阅读的理由，但其实本来就不需要什么理由，就像孩子出生后，我们就教他们说话一样，应当是自然而然的事。

美国著名作家、诗人惠特曼在《有一个孩子向前走去》里说："有一个孩子每天向前走去，他看见最初的东西，他就变成那东西。"

总之，早期阅读就如同精神母乳，越早开始越好。它对孩子早期生命的成长得到精神的滋养，有着深远的影响……

那么，0~2岁怎么开展早期阅读呢？

首先是读物选择，大体上有四类，即视觉激发读物、儿歌童谣、低幼图画书和其他低幼读物。

一是视觉激发读物。宝宝刚出生就能够分辨爸爸、妈妈的声音，过几天就能够分辨自己的哭声和其他宝宝的哭声，以及宝宝真人的哭声和电脑合成的哭声，甚至，当宝宝还在妈妈的肚子里时，听觉系统就已经开始工作了。与听力不同的是，在生命早期，视觉的发展水平在婴儿的各种感觉能力中是最低的。宝宝刚出生时调节视焦的能力极差，看到的东西都是模模糊糊的。新生儿的距离视觉只有 20/600 左右，即视力很好的成人距离 600 英尺能看清的事物，新生儿在 20 英尺的距离才能看清。另外，对于非常小的婴儿来说，任何距离的事物看起来都会很模糊……前 3 个月内，宝宝的色彩辨别能力还不成熟。此时，宝宝最喜欢对比强烈的图案和颜色（如黑白图案和对比强烈的条纹、同心圆、棋盘格和简单的人脸图案），更容易被亮丽的颜色（如红色）所吸引，不能区分相近的颜色（如绿色和深绿色）。7 个月大时，视力基本接近成熟。

视觉刺激类书籍就是根据宝宝的身体发育特点，根据其视觉"喜好"，满足孩子的视觉需求，并促进其更好地发展。

纯粹的视觉刺激类书籍除写给父母的阅读指南外，没有文字，只有一个个形状和颜色对比鲜明的图案。

黑白刺激卡比较适合 0~12 个月的宝宝，彩色刺激卡比较适合 6~18 个月的宝宝。

《水墨宝宝视觉启蒙绘本》是一套中国原创绘本，包括《点点》《变变》《染染》《涂涂》。其中，《点点》在宝宝 1 个月大后就可以看，《变变》在宝宝 2~3 个月大后就可以看，《染染》在宝宝 5~6 个月大后就可以看，而《涂涂》则较适合年龄更大一点儿的孩子。中国的水墨画丰富而饱满，不仅满足婴儿的生理需求，还富有极其精妙的审美性。

《小蓝和小黄》则是一本非常经典的图画书，极具创意，非常好玩。不仅巧妙地揭示了色彩学上的"黄 + 蓝 = 绿"的现象，更让大人们从中读出人与人之间心灵的融合，给人以强烈的爱的暗示。

我们千万不要认为孩子小，就忽视了他们感受色彩的强烈愿望。

注意，阅读视觉刺激类书籍时，应根据宝宝的视力发展程度，让图书与宝宝的眼睛保持适当的距离，还应适当变换图书的方位，以帮助宝宝锻炼眼睛的聚焦能力和目光追随能力，同时防止宝宝形成"斗鸡眼"，再有就是时间不要太长，不要太机械，要带着情感以跟孩子玩耍互动的心态进行。

二是儿歌童谣。语言的创造和使用将人类从动物王国中分离了出来，这是人类发展史上令人惊叹的伟大进步。

婴儿呱呱坠地后，既不会说话，也听不懂人类的语言。然而在正常情况下，3 岁就可以掌握 1000~1100 个词汇，到 4 岁就基本能掌握本民族语言的全部语音，3~4 岁已经掌握最基本的语法……（《学前儿童发展心理学》，北京师范大学出版社，第

193~195页）。换位思考一下，我们大人学了十几年外语，却大多仍听不懂、不会说，而孩子却几乎都能够在短短几年内能够说"一口流利的语言"，就知道这是多么"神奇"了。

这种"神奇"当然与人类数百万年漫长的进化有关，人天生遗传了"语言习得机制"（LAD），然而，如果没有后天语言环境的刺激，孩子是无法学会说话的。最典型的例证就是"吉妮案例""狼孩案例"，这些都说明在语言发展的"敏感期"，若没有语言环境的刺激，不但长大以后无法说话，而且即便再花数倍的努力，也无法达到一般孩子的语言水平。

我们在孩子刚出生时，就不停地跟孩子说话（不论孩子是否能够听得懂），其实就是要给孩子语言刺激，"启动"孩子天生的"语言装置"，而我们之所以选择儿歌童谣类童书读给孩子听，也是一样的道理。

儿歌童谣多是合辙押韵、朗朗上口的，经常给宝宝念童谣唱儿歌，就是一种"听读"，让宝宝沉浸在优美的语言环境中，让宝宝启动LAD，充分刺激宝宝天生对语音的敏感性，自然而然地"习得"母语。

还有一种可以和孩子互动，一起游戏的童谣，比如手指谣。可以边唱念，边摆弄宝宝的小手指，既能够帮助宝宝学习立即语言、发展节奏感，又能满足孩子对手指"敏感期"的内在需求。只是要注意动作幅度不要太大，每次动作尽可能一致，宝宝容易接受熟悉的事物和程序。更重要的是，如果宝宝没有兴致，一定不要勉强，因为，我们是在"享受"，不是在"训练"。

三是低幼图画书。孩子1岁时，认知能力已经发展到一定程度，也具有了一定的生活经验，开始对认识世界感兴趣。这个认识过程，往往从周围物体的命名开始。其实，在生活中，父母已经不自觉地教孩子认识他们所处的环境：常常能够看到家长抱着不满周岁的宝宝对他们说，这是"桌子""杯子"，并用手指着这些东西；若宝宝的眼睛望着自己的手指的桌子、杯子，就会让家长格外惊喜，并通过语气和情绪将这种肯定与赞扬传达给宝宝，便于宝宝吸收理解，这就是一种很好的互动，形成良性循环。

低幼图画书能够更加方便父母进行这种互动交流，而且由于图片精美，背景简洁（通常是空白的或者是纯色），视觉负担更小，更利于宝宝的理解和认知。

注意，最好选择宝宝非常熟悉的，尤其是宝宝特别感兴趣的实物照片，比如汽车、动物等，直接指着图片告诉宝宝那是什么，而不是去提问。也可以在日常生活中，把实物和照片联系起来，以便宝宝能够更快理解，提高认知能力。

低幼图画书能够满足这一时期孩子身心发展的特点。比如，纸板书考虑了1岁左右的宝宝手指还不灵活，每页都用很厚的纸板做成，便于宝宝翻开又不易将书损坏，还能防止划破小手，满足宝宝用手探索世界的欲望，同时培养宝宝的阅读意识。比如"小熊宝宝"系列绘本，里面全部是跟宝宝生活相关的内容，给宝宝反复阅读，不但有助于宝宝对自己生活的理解，而且有助于宝宝养成好的习惯。另外，《我爸爸》《我妈妈》《猜猜我有多爱你》《逃家小兔》等都是与亲情相关的绘本，亲情故事也是宝宝比较容易接受的，因为父母是宝宝最熟悉的人。

低幼图画书不仅背景简洁、图像明朗，而且都具有反复的结构，在重复中又有变化；有的图画书还能够与孩子互动游戏。这些都符合低幼孩子的身心发展特点。

这些低幼绘本，将宝宝慢慢带进一个丰富多彩、充满想象、无限精彩的绘本世界，孩子在这里被慢慢滋养，让他们感受到真、善、美，为他们打好精神的底子……

四是其他低幼读物。其他适合0~2岁宝宝看的书包括布书、触摸书、纸板书、洗澡书、翻翻书、玩具书、洞洞书、立体书等。

低幼宝宝会用嘴巴探索感知这个世界，喜欢把东西放到嘴里，即所谓的"口唇敏感期"。布书不怕口水，弄脏了可以清洗，满足了宝宝与书接触的欲望。

翻翻书、洞洞书、玩具书等都可以让孩子参与"阅读"，便于跟孩子一起游戏互动，由于这些书都符合这一时期宝宝的心理特点，所以孩子们会非常喜欢，感受到书中的乐趣，为以后亲近书、喜欢书打下一个良好的基础。

其次是重要原则。早期阅读，在与孩子亲子共读时，有一些重要的原则，这些原则不仅适用于0~2岁孩子的阅读培养，也适于年龄更大的孩子。

一是以人为本。首先关注和考虑的应当是孩子，而不是书和书里的内容等。例如，当孩子想从中间一页看或者直接翻到最后一页，父母应当顺着孩子关注的页面跟孩子交流互动，而不一定非得要从书的封面开始一页一页地讲；当孩子遇到感兴趣的画面，总是反复看、反复说，特别是有问题跟父母提出来的时候，一定要优先回应孩子，而不是先想着把书里的内容讲完。

二是以亲子关系为核心。早期阅读以亲子阅读为主，而亲子阅读最重要的是亲子陪伴、亲子交流，因此，"亲子"是第一位的，"阅读"是第二位的。也就是说，在阅读过程中，以增进亲子情感、建立亲子联结为核心，而不是阅读了什么内容，更不是孩子学到了什么东西——虽然这些也很重要。

将那些功利的目的抛得越远越好，享受过程。

千万不要在跟孩子读书的时候，总想着这本书能够让孩子学到什么，读完之后孩子懂得了什么、记住了什么、提升了什么。如果这样的话，父母就很难把心思放在关注孩子的需求上，也很难用轻松愉悦的心态去跟孩子共读；孩子也会觉得有负担、有压力，甚至觉得枯燥无趣。这样就本末倒置、适得其反了。

最后，为什么几乎所有家长在孩子很小的时候都给孩子买书进行早期阅读培养，而最后成功的仅仅是少数？

孩子出生后，我们不但关心孩子的身体发育，而且会关注孩子的教育，几乎所有的父母都会在孩子1岁前给孩子买一些书，给孩子看或者读给孩子听。

按理说，从1岁之前就开始培养孩子阅读，到2~3岁，在一两年时间内，孩子的阅读习惯应该培养得差不多了，至少初见端倪了。

然而事实却是大部分孩子在2~3岁时，都没有养成良好的阅读习惯，经常看书的并不多，甚至连对书和阅读的概念还没有建立起来，阅读经验非常欠缺。

当然，也有少数孩子在2~3岁时已经有了良好的阅读习惯，每天都要进行亲子阅读，甚至不读书就不睡觉；并且有时候会去找书自己看。

为什么有这么大差异呢？我们可以考虑以下几个方面：

一是书。都给孩子买书，但经过比较就可以发现这里面有很大不同。

现在的童书早已今非昔比，有各种各样专门给幼儿，甚至给1岁之前孩子看的书。例如，前面已经提到的布书、纸板书、洗澡书、手偶书、洞洞书、翻翻书、立体书、低幼图画书等。

这些书符合这个年龄段孩子的认知发展特点和阅读规律，更容易吸引孩子，让孩子体会到书带给他们的乐趣。

如果还只是给孩子买一些字卡、文字较多且图画劣质的"睡前故事"书，显然就不如前面提到的那些书更能帮助孩子培养阅读兴趣。

二是方法。有了合适的、品质较高的且孩子更喜欢的好书，这些还不够，还需要有科学的培养方法。

科学的培养方法一定建立在对儿童阅读特点充分认识、遵循儿童阅读及身心发展规律的基础之上。

例如，婴幼儿的早期阅读，时间不宜太长，根据孩子的年龄、阅读兴趣的不同，每次 1~3 分钟或者 5~10 分钟、10~20 分钟即可。一次阅读的时长，如果家长期望值过高，那么很可能不利于儿童阅读兴趣的培养。

比如，最开始，孩子很可能对书毫无兴趣，你读他却不听，或者在旁边玩儿，或者把书抢过来扔掉，这时候千万不能强迫孩子去看。

再如，婴幼儿可能只对某本书感兴趣，甚至只对某一页感兴趣，那我们就应当尊重孩子，多读孩子喜欢的书，或者就只读那一页，不能非要孩子看其他的书，或者一页一页地看完。

总之，早期阅读要尊重孩子、以人为本，以孩子的节奏和方式去读，而不是以"书"为本或者以"故事"为本，也不能用父母的节奏和方式去读；用孩子易于接受和喜欢的形式，例如用夸张的语气语调、表情动作去读，用互动游戏的方式去读等。

三是坚持。这是至关重要的一个因素。大多数早期阅读的失败，就是由于没有坚持下去。

当父母满腔热情、满怀喜悦地去给孩子读书，培养他们的阅读兴趣时，最初收获的往往不是孩子安静专心地去和父母一起看书的美好，而是"挫败"。

一次又一次没有获得孩子积极、正向的反馈（例如，孩子安静认真地与大人一起看着书，时不时点头、微笑），这种挫败感就越来越大，各种想法就在父母的脑子中生出来了。例如，是不是孩子太小了啊？是不是孩子不喜欢读书啊？是不是孩子专注力不够啊？

于是，父母就很少再去给孩子读书了，这样，孩子的早期阅读培养基本就失败了。

而事实上，在孩子 1~2 岁前开始培养，只要选对书、方法科学，坚持半年或者 3 个月左右，就可以初步培养出孩子的阅读习惯和兴趣。而且可以肯定地说，100% 是这样！

绝大多数早期阅读培养的失败，都是由于没有坚持下去，往往只做了 1 个月不到，甚至只尝试几次之后就放弃了。

对阅读的培养是一个长期而渐进的过程，绝不可能一蹴而就，通过三五次给孩子读书就指望能够让孩子建立阅读习惯，显然是不切实际的。低龄的孩子，对书、阅读建立概念还需要一段时日。

综上所述，早期阅读培养成功与否，主要就看书选得对不对、方法是不是科学、有没有坚持下去。

总之，阅读培养应当尽早开始，从孩子出生后就可以开始，越早开始越容易，影响也越深远。这个阶段的阅读，主要是以亲子阅读为主，不仅是通过孩子的视觉进行，而且可以通过听觉、触觉等多感官的方式进行。

对应地，就有各种类型的早期读物，例如视觉激发卡、儿歌童谣类韵文书、低幼图画书，以及触摸书、洗澡书、布书、纸板书、洞洞书等其他多种低幼读物。

在与孩子亲子阅读时，"以人为本"，顺应孩子的节奏和方式，享受阅读的过程，抛弃那些功利的目的。选对书、方法得当、持续进行下去。

需要注意的是，每次要以孩子的情况来决定亲子阅读的时间长短，千万不可强迫孩子。

另外，这里还有个比较容易出现的误区，请大家注意避开。要知道这个阶段的孩子，千万不能追求书的数量，一定要有足够的反复阅读，同一本书读 10 遍、20 遍、50 遍都是正常的，而且是很有好处的。当然，孩子不喜欢的，一遍都可以不读完就放弃。对于孩子喜欢的，一定要满足孩子反复阅读的需求。

阅读的不同阶段：3~6 岁

早期阅读兴趣培养的关键期

　　如果孩子在 1 岁前、2 岁前就开始了早期阅读，并且书选得对、方法得当的话，那么到 3 岁的时候，就已经养成了较好的阅读习惯，并对书和阅读产生了一定的兴趣。到了这个阶段，实际上就很简单容易了，只需要继续找各种适合的好书、继续进行亲子阅读就可以了。

　　如果之前错过了，怎么办呢？

　　其实这个时候开始也不算迟，很多孩子就是从这个时候开始早期阅读的。上了幼儿园之后，老师会给孩子读书，会要求家长给孩子读书。

　　只是如果之前很少接触书，很少开展早期阅读，那么 3 岁以后，开始进行早期阅读的时候，就相对比较费劲一点儿。因为这个时候，孩子行动自如，而且对很多事情已经发生了兴趣，特别是玩手机、看电视较多的话，更是难以对书和阅读产生兴趣。在这种情况下，开始给孩子书看，他们可能会把书扔到一边；给他们读书，他们很可能跑开或者把书推开，根本不听。从这里也可以看出尽早开始阅读的好处，以及很小就开始玩手机、看电视带来的负面影响。

当然，说这些并不是为了吓唬家长，让家长打退堂鼓，而是让家长心里有个数，一开始出现这种情况是很常见的，是正常的现象，并不是自己的孩子不喜欢看书。只要有合适的书，用恰当的方法持续做下去，孩子一定会慢慢对书和阅读产生兴趣，每位家长都应该对此有足够的信心。

我们需要做的就是，下定决心，不断找合适的书，不断尝试恰当的方法，并且绝不放弃。

那么，有哪些书比较适合这个阶段的孩子呢？至少有以下几类：

一是立体书。顾名思义，立体书打开之后，会呈现三维立体的结构。这样的书，一下子就能够吸引孩子，引发孩子主动去翻看。

二是翻翻书。翻翻书，每页都嵌入可以再翻开的"小窗口"，"小窗口"打开后，里面还会有内容。由于好奇心驱使，孩子会忍不住去打开"窗口"，看看里面"藏"着什么不一样的东西。又由于这种"小窗口"有很多，可以让孩子不断动手翻看，这对于那些静不下来的孩子，正好可以满足他们的"乱动"的需求。

三是手电筒书。手电筒书也可称为手电筒"胶片书"，就是可以用一个手电筒形状的白纸板，放在胶片下面移动，白纸板移动到的地方会变亮，能够看清楚书里面的内容，就好像拿着手电筒在黑夜里探照一样。因此，这能很好地满足孩子探索发现的欲望。孩子看到这样的书，总会去拿着"手电筒"在书里"探照"一番，想看看能否探索发现出什么来。

四是贴纸书。贴纸书里有很多贴纸，孩子可以撕下来贴着玩儿，可以随意贴，也可以按照书上的内容来贴。随着孩子年龄的增长，手指的精细动作不断发展，因此，比较喜欢扣、捏、贴等这些动作，贴纸就很好地满足了孩子的这种内在发展需求。

五是迷宫书。顾名思义，迷宫书里设计了各种迷宫，孩子可以用铅笔寻找路线，达到目的地。

六是拼插书。通过拼插，将很多个零散的形状块组合在一起，构成一个三维体。一谈到培养孩子的阅读，肯定少不了给孩子找一些书看，一般想到的都是比较"传统"的书，但实际上，现在的童书，已经今非昔比，种类繁多，除了上面列举的几类，还有推拉书、洞洞书、音乐书、香味书等。这些书根据孩子的身心发展特点制作而成，对孩子有较大的吸引力，因此，在最开始培养孩子的阅读习惯、兴趣的时候，不妨用这些像玩具一样的书来"打头阵"，让孩子接触书、了解书、亲近书、喜欢书，从而慢慢培养出阅读的习惯和兴趣。

七是跟孩子喜好有关的书。孩子喜欢的动物，孩子喜欢的动画片，孩子的兴趣爱好，与这些书籍相关，在开始培养孩子阅读习惯的时候，不妨找来给孩子，跟孩子一起读一读。例如，不少男孩喜欢汽车，就找各种与汽车相关的书，有立体书、翻翻书等；不少女孩喜欢公主，就找一些有关公主的书；还有的孩子喜欢恐龙，那就找各种恐龙主题的书籍。由于这些书的内容孩子熟悉或者喜欢，就很容易吸引他们，让他们慢慢接触书、了解书，进而感受到阅读的乐趣。不需要多少时日，孩子就不再排斥书，可以静下来看书了。

八是幽默有趣的书。当孩子不排斥书，有了初步的阅读习惯后，再找一些幽默有趣的书，适时地给孩子，跟孩子一起共读。轻松、幽默、有趣、夸张、想象力丰富的内容，符合孩子的"口味"，他们一般都不会排斥这类书。这些书，能够让孩子放松、获得阅读的乐趣，这非常有利于孩子阅读兴趣的培养。

九是高品质的图画书。当孩子有了较好的阅读习惯和阅读兴趣之后，给孩子大量的高品质图画书，就非常有必要了。

书籍是精神的食粮，能够滋养孩子的心灵。因此，适合孩子、品质又好，就非常关键了。

现在的童书实在是太多了，在售的有 50 多万种，每年还新增 4 万多种。这么多书，品质肯定是参差不齐的。事实上，大多数书品质一般或较差，劣质的书大量充斥其中；好书虽然不缺乏，甚至数量也很多，但相对品质不太好、较差的书而言，就太少了。也就是说大量的好书，被埋没在数量更加多的差书中，就像金子埋藏在沙子里。家长一不小心，可能就买到了不太好的书、差书，就好像本来以为是淘到了金子，实际上却都是沙子。

很多家长现在都已经知道，图画书是非常适合孩子的读物，因为图画书符合孩子的认知和阅读特点：图画书是图画和文字的结合，图画和文字共同讲述故事、传情达意；孩子虽然不认识文字，但观察力、读图的能力很强。如果是图文结合得很好的图画书，孩子可以通过图画就可以读懂大概的意思；再加上亲子阅读，父母给孩子读图画书上的文字，用声音将文字的信息通过孩子的耳朵传递到他们的大脑中，而图画的信息可以通过孩子的眼睛传递到他们的大脑中，图文两种信息在大脑中汇聚、融合。在这个过程中，锻炼了孩子的观察力、专注力、想象力、思考力以及倾听的能力；当然也会提升孩子的认知、语言水平，陶冶他们的情操、滋养他们的心灵；还能培养孩子的审美能力。

但这里特别值得注意的是，并非所有带图的书，都是图画书。严格意义上的图画书，必须有良好的图文关系，图和文配合得紧密。如果把插图去掉，所传达的信息基本不受影响，那么就不是严格意义上的图画书。松居直先生在《我的图画书论》里提出了两个简洁的公式，可以很好地帮助我们理解什么是真正的图画书：

$$图画书 = 文 \times 图$$
$$带插图的书 = 文 + 图$$

并且，通常来说，图画书的图都是画家、艺术家精心设计、创作的，具有较高的艺术审美价值。从这一点来说，很多通过电脑复制、毫无艺术审美价值的书，根本不是真正的图画书！现在市场上充斥着大量这样的"假冒伪劣"的图画书，而不少家长恰恰就"中了招"，偏偏买的就是这种冒牌货……

除了上面几种，还可以适当加入一些翻翻书、地板书等，等孩子5~6岁以后，还可以适当接触桥梁书、漫画书等；父母也可以给孩子读一些篇幅较长的儿童文学。

不过，这个阶段，读物还是要以高品质的图画书为主。

读物的选择，主要是以上几类，根据孩子的阅读状况来确定。书选好之后，怎么去读呢？

形式上以亲子阅读为主。随着孩子慢慢熟悉书，慢慢有了一定的阅读兴趣之后，会自己拿起书看，这当然很好。但在这个阶段，还是要以亲子阅读为主——即便孩子能够自己阅读了，也仍然要以亲子阅读为主，千万不要中断亲子阅读，更不能要求孩子自己读。

因为这个阶段的孩子，他们的阅读能力和阅读兴趣还远远没有培养好，特别需要父母的帮助、引导和支持！父母在跟孩子共读的时候，不仅可以给孩子做出示范，可以读更难、更复杂的文本，而且能够通过亲子间的有温度、有情感的交流、陪伴，让孩子对阅读有更好的体验——这将会持续培养孩子的阅读兴趣。

如果孩子自己读所得的是"1"，那么亲子共读所得的就是"100"。因此，这个阶段，请务必以亲子阅读为主。

当然，父母可能很忙、很累，有种种理由拒绝跟孩子一起读书，但其实如果真正意识到了亲子阅读的价值、阅读的意义，那么就会找出更多的理由去和孩子进行亲子阅读。

亲子阅读要怎么进行呢？请参见前面提到的几个原则。

以人为本、以亲子关系为核心，将那些功利的目的抛得越远越好，享受过程。

遵循孩子的节奏和方式，不要刻意强求；以轻松有趣的方式进行；如果可能还可以用游戏的方式进行。

在这个阶段，亲子阅读之后，如果能够和孩子做一些延伸活动就更好了，比如做做手工、做做游戏等。即便不做这些延伸，和孩子聊一聊书也是很好的。注意，这里说的和孩子聊书主要是分享各自的感受、想法，轻松地相互交流，而不是每次读完后要求孩子复述、总结。自然地表达阅读之后的体验是很好的，但如果搞成某种任务，就适得其反了，千万要避免！

阅读的不同阶段：小学低年级

培养好孩子阅读的补救期

如果孩子从 3 岁，甚至 1 岁前就开始了早期阅读，并且书选得合适、方法得当的话，孩子到小学的时候，就会建立良好的阅读习惯，养成比较浓厚的阅读兴趣，少数孩子阅读能力相对发展得很好，已经可以独立自主阅读。

但如果之前错过了，到小学的时候，可能就是最后一个补救阶段了（至少在某种程度上可以这么说）。而进入小学，几乎所有的老师都会向家长强调阅读的重要性，让家长在家里培养孩子的阅读习惯，也会要求学生读书，甚至会布置一些读书的"打卡作业"，乃至会规定一些书籍让学生读。

这样一来，从这个阶段开始，几乎所有的孩子都会接触书，开始阅读。看起来，几乎所有的孩子从此就走上了阅读的"正轨"、进入了"快车道"，然而，实际上却并非如此。

虽然进入小学后，所有的学生都会被要求去阅读，一、二年级的阶段，他们也都会去阅读，但后来呢？到了中高年级之后，他们都养成了阅读习惯了吗？他们都有良好的阅读兴趣吗？他们都还经常阅读吗？

很显然，随着孩子年龄增长，升入更高的年级，相当一部分学生并没有养成良好的阅读习惯和阅读兴趣，阅读量越来越少，而真正有很好的阅读习惯和阅读兴趣的学生仅仅是少数。

为什么会出现这样的结果呢？

首先，当然是开始得太迟。试想，有很多孩子在小学之前、幼儿园之前，甚至出生不久就开始了阅读，进入小学后，他们接触书的时间已经有五六年之久，并且已经阅读了上千册书，对阅读已经比较熟，并具备一定的阅读能力了。更为重要的是，他们早已体会到阅读的乐趣，有了比较好的阅读习惯和兴趣。

而对于小学之后才开始接触书、才开始阅读的孩子，基本是从头开始。阅读能力的提升、阅读经验的积累，必然需要更长的过程。特别是对于阅读乐趣的体验，可能比小的时候更难。

其次，是本末倒置、方向错误、方法不得当。

按照阅读培养的"金字塔"，"阅读兴趣"是根基。

进入小学之后，虽然每个学生都在看书，看似在培养他们的阅读习惯和兴趣，但真的能实现吗？

在前面，我们已经反复强调，阅读兴趣培养其关键点是"让孩子尽可能地与书接触、建立联结"，并且"尽可能让阅读带来好的感受"。

而实际上呢？这些孩子虽然都在读书，是否真正能够"与书建立联结"？特别是能够"让阅读带来好的感受"？

如果他们只是被动地被要求去读书，甚至只是完成"打卡任务"，有时候，就连读什么书，他们自己都不能决定，都是被规定好的。那么这样的阅读，能给孩子"带来好的感受"吗？

更让孩子痛苦的是，让不能顺利自主阅读的学生自己读，让学生在读书的时候摘抄好词好句、写读后感，规定学生必须读那些他们完全不感兴趣或者超出他们认知和阅读水平的书。

跟孩子讲一些读书的大道理，甚至告诉孩子读书就是要吃苦，要知难而进、坚持不懈，都会让孩子感到读书的枯燥乏味。

以这样的方式去"培养孩子的阅读"，即便一天不落地完成"打卡任务"，严格按照要求读那些规定的书，也不会让孩子养成阅读习惯，阅读兴趣更是无法培养出来；并且，"坚持"的时间越久，越是偏离目标，随着孩子年龄增长，用"打卡""规定""催促""命令"等"外力"，让孩子看书越来越难以奏效。到那个时候，家长只能无奈地放弃。所以，这个阶段非常关键，错过之后，再去培养，难度就会非常大。

在这个阶段最容易导致孩子阅读没有培养好的，就是看错了方向、本末倒置、用错了方法。因为那样的话，做得越多，偏离目标越远，并且还会因为自己的"努力"和"坚持"，看到孩子一直"在看书"，误以为在把孩子培养好，反而是觉察不到走错了方向、用错了方法。

千万不要以为给孩子书，让孩子天天看，或者按照老师的规定去读书、打卡、完成任务，孩子阅读就会培养好。

我们首先要考虑的一定是儿童阅读培养最根本的内核，而不是外在的形式。并不是说看了哪些书，每天看多长时间或者按照某种规定的方式去看，就能够把孩子阅读培养好了。

我们要尊重每个孩子不同的发展节奏、不同的阅读偏好，并不是说到了一年级或者到了哪个年级，就必须要自己读书，如果不能顺利自主阅读，一定不能强迫孩子自己读，家长要和孩子亲子阅读。这一点，小学老师尤其需要注意，千万不要做硬性的规定，要求孩子必须自己读。跟能力发展相比，意愿是更重要的。没有意愿，就算学生有了阅读的能力，他们也不会主动去阅读。因此，如果老师希望学生的阅读都能够持续发展得更好，请千万不要做这样的硬性规定。否则，即便出发点很好，但实际上却会给家长和孩子带来困难、挑战，甚至让他们感到很为难。

除了不要规定孩子必须自己读，也请不要规定孩子必须要读哪些书。因为每个孩子的认知和阅读水平都不一样，都有自己的阅读偏好，如果做整齐划一的规定，必然会导致有的孩子读不了、读不懂或者不喜欢读、不愿意读。这样一来怎么让他们"与书建立联结"？怎么让"阅读带来好的感受"？如果不能，又怎么能让他们对书和阅读产生兴趣呢？

当然，也不必规定孩子怎么去读。例如，在孩子读书的时候，规定要正襟危坐，要摘抄好词好句，要读出声音或者不要读出声音；读完之后，还要复述、写读后感等。这些规定虽然可能有 100 个理由，虽然出发点确实是为了促进孩子阅读发展，但它们都会让这个阅读的过程变得枯燥无趣，会让阅读变成一种让孩子感到很难受的负担，都会让孩子慢慢远离阅读。因为他们不能体验到"阅读带来的好的感受"。就算孩子按照规定的去做了，坚持 21 天、210 天，甚至更长时间，也不能让他们喜欢上阅读，反而坚持得越久，对阅读越不感兴趣。

这个阶段，如果孩子已经能够自主阅读，特别是愿意自主阅读，那非常好，我们只需要给他们提供适合的好书，让他们自由自主阅读（FVR），不要去干涉他们。即便孩子已经能够，也愿意自主阅读，最好也不要中断亲子阅读。亲子阅读需要持续进行下去，可以读到三年级、五年级，甚至到了初中、高中，直到哪一天孩子真的不给我们机会为止。当然，亲子阅读，形式是多样的，除了父母读给孩子听，还可以亲子间轮流朗读；也可以是父母听孩子读；或者是各自阅读，然后一起讨论；甚至可以是各自读不同的书，然后相互分享交流。

当然，大多数孩子在这个阶段，还不能够轻松地自主阅读，他们更愿意跟父母一起亲子阅读。那就更不能强行中断亲子阅读，千万不要逼迫他们非得自己读不可，在这种情况下，就更需要把亲子阅读持续进行下去。

很多人认为孩子不愿意自己读，是因为他们"懒"，或者担心如果继续给孩子读书，他们就会有依赖心理，一直不会自己读，所以就中断了亲子阅读。对于孩子的阅读培养来说，这是非常错误的做法。

孩子不愿意自己读，主要原因并不是他们"懒"，而是他们的阅读能力尚未发展到那个程度。当然也有其他原因，比如孩子比较享受亲子阅读这个活动，甚至还能够引起父母的关注、让父母陪伴自己等。更多关于为什么孩子不愿意自主阅读的内容以及如何引导他们过渡到自主阅读，请阅读本书后面"常见问题"部分的"如何引导孩子过渡到自主阅读"。

总而言之，在孩子不能自主阅读的时候，持续进行亲子阅读是非常必要的。而且就算是孩子已经能够自主阅读，仍然有必要继续进行亲子阅读。

这个阶段，有哪些书适合他们呢？主要有以下几类：

一是图画书。不少人认为图画书比较简单、幼稚，上了小学就不能看了。这是极其错误的看法。尤其是老师，如果这样告诉家长，会显得自己对图画书很不了解，也难以让家长信服，甚至影响自己在家长中的威信。因为越来越多的家长都已经认识到，不能因为图画书的文字少，就认为是简单、幼稚。怎么能够用文字多少来判断一本书是否简单、幼稚呢？实际上，图画书不仅不简单、不幼稚，还很可能是复杂、深刻的。这种复杂性主要在于图画书并不仅是用文字这一种媒介来传情达意，还加入了图画这种叙事媒介。以前的书，我们只需要看文字就可以了，而现在，不仅需要看文字，还需要看图画——如果不看的话，图画这种叙事媒介传达的信息就丢失了。这样一来，别说读懂、读透了，连读完整都很难做到。而图画这种叙事媒介，是我们不太熟悉的，我们对它的解读能力并不是太好，很多时候不如孩子。再加上"图"和"文"这两种叙事媒介又不是简单的叠加，不是"物理变化"；而是相互融合，是"化学反应"，就导致了图画书的阅读更为复杂。

有的图画书，成人看来也颇受启发，而几乎所有一流的图画书都可以帮助我们去了解孩子，因此有人说，图画书是0~99岁都可以阅读的，是没有年龄限制的。

这一阶段，我们只需要把那些品质一流的经典图画书找来，让孩子选择自己喜欢的。当然，相对来说，这时候他们更喜欢情节较为复杂一些的故事图画书或者一些科普图画书等。

二是桥梁书。简单来说，桥梁书就是介于文字书和图画书之间的一类书。

随着年龄增长，特别是上小学之后，家长和老师会希望孩子慢慢从阅读图画书过渡到阅读文字书，所以就找一些带拼音的书或者不带拼音的文字书给他们看，但随后会发现他们看这些书比较费劲。

这时，桥梁书可以用来帮助孩子从阅读图画书过渡到阅读文字书。

桥梁书的文字比文字书少，比图画书多，一般不超过3万字，最少只有4000字左右。

桥梁书的图画比文字书的多。文字书中的插图几页文字后才有 1 幅，而桥梁书中的图比较多，可能每隔一页甚至是每页都有；同时，又比图画书的少，图画书多数情况下一个页面上图画占绝大部分，文字只有一两句，而桥梁书上的图又没有图画书上的图占的比例大。

其实，桥梁书远不只是图画和文字多一点儿、少一点儿那么简单。

大家可以找一本叫作《老鼠记者》的桥梁书看。翻看书，乍一看，就跟一般的文字书不一样；仔细看，会发现里面的文字并不那么"中规中矩"，并不是整整齐齐一行一行排列，有的文字是任意曲线排列，有的文字是歪的，文字颜色和大小也不一样。这样，是不是感觉更有吸引力、更有趣？

对比一下，一般的文字书就显得呆板无趣，难以吸引孩子。

还有，
文字通常都会比较大，
而且，
每一行、每一页
文字不会太多。
并且，
行距较大！

就像上面的文字，读起来是不是相对更容易、更轻松？

还有，桥梁书中的句子一般都比较短，也不太复杂，词语也相对比较轻浅。

还有，桥梁书的内容往往是孩子们比较熟悉的或者有趣的、富有想象力的。

还有，桥梁书的字数不太多，一本书不那么厚，很快就能读完。

以上这些看似不起眼，其实都符合儿童阅读的特点，比较容易吸引孩子，让孩子能相对轻松地读下去；更重要的是，让孩子获得了阅读的信心，体会到读完一本书之后的成就感等。

正是上述的这些特点，能让桥梁书给孩子带来帮助，为他们迈向自主阅读提供有效的助力。

当然，桥梁书也只是一种工具，能否发挥好这种工具的助力，还需要恰当地选用和使用。因此，父母的作用是至关重要的，如果指望拿桥梁书往孩子那一丢，自己不管不问，那就难以有效发挥桥梁书应有的作用。

三是漫画书。有不少人认为漫画书就是一些图，没什么文字，比较肤浅、幼稚，对孩子的阅读、写作没有什么帮助。有的人甚至还认为孩子看漫画是有害的。

然而，如果我们对漫画有多一些的了解，就会改变这种刻板印象。

鞠斌发表在《江苏教育研究》（总第 254 期）上的一篇文章《"读图时代"儿童阅读的另类选择——漫画书阅读现状的理性分析与策略思考》里的几个观点值得我们深思：

第一，儿童往往是用形象、色彩、声音来进行思维的。儿童时期正处在形象思维特别活跃的阶段。他们对具体形象的材料不仅容易理解，而且非常感兴趣，形象记忆能力也比较强。漫画书将抽象的主题和思想转化为画面和简单的文字直接呈现在儿童面前，将他们知觉与文字符号的时间距离缩减到最小，使孩子本能地喜欢上漫画书。

第二，儿童的世界是超现实的世界。漫画书无论图画还是文字都很幽默，而且擅用夸张的表现手法。儿童的世界是超现实的世界，是现实与幻想相结合，情感与理智相混合的世界，它存在于儿童的心灵里，是儿童对现实世界幻想的结果。漫画中的想象力真是天马行空，灵动的想象提供了一个超现实的世界，使学生获得了极度的惊奇与惊喜。

第三，漫画书促使孩子走上阅读之路。很多孩子讨厌看书，但讨厌看漫画的则要少得多。因为漫画书通常能提供比较多的乐趣。当孩子愿意捧起书本，也意味着他开始慢慢走上了阅读之路。据国际儿童阅读能力测试（PIRLS）的数据可以看到，全球中芬兰儿童的阅读成绩最好，然而59%的芬兰儿童几乎每天都看一本漫画书。因此，阅读推广人王林曾说："在我看来，阅读《丁丁历险记》这样的经典漫画，比做若干语文练习题更有助于儿童的阅读。"

兰海发表在《中国教育报》（2011年6月2日第004版）的《父母不妨主动为孩子选择优秀漫画书》指出，漫画表达直观清晰，可以激发思考、降低阅读难度，有利于培养阅读兴趣。

美国著名阅读研究专家吉姆·催利斯在《朗读手册》中指出，童年时期爱看漫画的人，长大以后往往会变成阅读能力较强的读者。

而对于家长和老师最为担心的词汇量问题、阅读能力问题，世界著名语言学家、阅读教育理论研究者、阅读推广人斯蒂芬·克拉生在《阅读的力量》中通过大量数据分析证明：

（1）漫画有适宜的文字，而且图画可以帮助理解；

（2）漫画对语言学习与学校表现都没有负面的影响；

（3）整体而言，看漫画的人读得更多，并且对阅读也持更积极的态度；

（4）看漫画可以促进孩子阅读更多其他种类的书籍。

由此可见，漫画书对于孩子阅读发展是有促进作用的。事实上，有不少孩子就是经由漫画书走向自主阅读的，甚至爱上了阅读。所以，我们应当改变对漫画的偏见和刻板印象，不要为孩子看漫画而担心，更不要禁止孩子看漫画。

就像文字书有好有坏一样，漫画书也有好有坏，我们可以给孩子找一些品质更好的漫画书。

四是其他。图画书、桥梁书和漫画书是低年级阶段的主要读物，除此之外，还可以读一读童话故事集、儿童文学等。翻翻书、地板书、墙书、报纸等也不妨作为辅助读物让孩子接触。

阅读的不同阶段：小学中高年级

奠定孩子阅读基础的最佳阶段

如果孩子在小学前、幼儿园前就开始阅读，并且培养的方向正确、方法得当，进入中年级之后，孩子多半就有了很好的阅读习惯、阅读兴趣，也能够比较顺利地进行自主阅读了。

这个时候，我们特别需要做的就是持续不断地给孩子适合的好书。请注意这里有 3 个关键词，即好书、适合、持续不断。

在孩子对阅读很感兴趣、很爱看书的时候，要尽可能地让孩子看好书，这是显而易见的。只是，什么是"好书"？这是一个特别值得思考的问题。因为在父母给孩子书的时候，都自认为那就是好书。但经常可以看到的是，父母把经过改编缩写的"假名著"、品质一般或者低劣的书籍当作好书给孩子看。关于如何选择好书，有哪些好书可以选择，请参见关于选书的内容部分。

"适合"指的是适合孩子的认知和阅读水平，适合孩子的阅读偏好。有的书确实是好书，比如成人名著，虽然品质一流，但无论从认知还是阅读水平来看都不适合孩子。有的书虽然也是童书，品质也很好，但不符合孩子的阅读偏好。适合孩子的书，除了要考虑认知和阅读水平，还要考虑每个孩子的阅读偏好。

很多家长都会给孩子找一些书看，但能够持续不断地为孩子提供书，特别是提供适合的好书，就不多见了。因为做什么活动，或者听别人介绍哪些书很好，或者听了一次讲座觉得阅读很重要，就给孩子买书，这不难，很多人都会这么做，但难的是，经常给孩子补充适合的好书，哪怕之前的书孩子还没有看完。

按照阅读培养"金字塔"，给孩子提供"好书"，主要就是要提升他们的阅读品质；如果书适合孩子，那么就更能吸引他们，他们就更喜欢看，阅读兴趣更加浓厚；而持续不断地为孩子提供书，实际上是为了增加孩子的阅读量。

如果父母有时间、精力，能够读几本孩子看过的书，然后跟孩子进行交流、探讨，显然更加能够促进孩子对书的理解和思考。这里需要注意的是，父母自己也得读，如果父母都没有读，然后要求孩子给自己讲书里的内容、道理，看了之后的感受等，该怎么交流、探讨呢？另外，即便父母看了书，也不要认为自己理解的就是对的，也不要设定标准答案，更不要把自己的看法灌输给孩子，要求孩子必须接受。这些做法不仅无法真正交流、探讨，也让孩子很难受，以后不再愿意跟父母一起去讨论阅读的感悟。真正的交流、探讨，应当是平等的身份，各自谈谈自己的看法、感受，更多的是一种相互分享、相互启发！否则，还不如不去干涉，让孩子自己读就好了。

这个阶段，还有一个看似很简单，但实际上却很难做到，对孩子的阅读培养又起到关键性影响的因素，就是为孩子提供足够的"阅读时间"。由于学习或者课外班等影响，孩子的课余时间可能越来越少，能够用于阅读的时间就会相应减少，如果阅读时间不能得到保证，大量阅读等就无法实现，而大量阅读是阅读发展最基本的方式。所有进一步提升阅读能力的方法都是建立在大量阅读的基础之上的，没有阅读量的积累，任何其他方法都很难起到作用。如果阅读时间得不到保障，孩子的阅读兴趣甚至也会慢慢减退，这对孩子的阅读培养是非常"致命"的。

那么这个问题如何解决呢？其实也不难，就是两个字——取舍。

实际上，时间不够只是表象，背后是其他各种事情占用了阅读的时间。也就是说，在价值排序中，阅读被放在了后面，如果我们认为阅读足够重要，就一定会有足够的阅读时间。

以上谈及的都是孩子很早开始阅读，而且阅读发展得比较好的情况。如果很不幸，之前错过了，或者由于方法不得当，到了中高年级，阅读没有培养好，例如，对阅读不感兴趣，也没有阅读习惯，平时几乎不去主动看书，那怎么办呢？

最重要的一步，就是下定决心去培养，坚信从现在开始也一定可以把孩子培养好。这是从 0 到 1 的一步。

再就是要认清"形势"，虽然从现在开始也是能把孩子的阅读培养好的，但毕竟错过了几年宝贵的时间，因此，必然不是轻易就可以取得成功的。阅读培养原本就是一个漫长的过程，在已经错过"最佳阶段"的情况下，更无法"速成"，而且在这个过程中，必然也会遇到各种困难和挑战，需要付出更大的努力。

有了上面的"思想认识"之后，就有了保障，只需要按照阅读培养"金字塔"持续去做就好了。

首先，还是从阅读兴趣开始，无论孩子到了几年级，要把孩子的阅读培养好，都从阅读兴趣起步，想跳过这一步是跳不过去的。不仅跳不过去，而且要作为首要的方面去做。关于阅读兴趣培养，请参见前面的内容。

这里需要提一句，这个阶段仍然可以从亲子阅读入手。并且，多从孩子的兴趣爱好考虑给孩子选书，相对来说，更容易一些。

其次，刚开始的时候，无论孩子看什么样的书，都要给予理解、支持，只要孩子看就好，而不用担心书不够好，浪费时间等。否则，就必定会影响孩子的阅读兴趣培养。实际上，世界著名的阅读教育理论研究者斯蒂芬·克拉生在其核心专著《阅读的力量》里提出的"自由自主阅读"（FVR），就告诉我们孩子看轻松读物、看所谓的"没有营养的书"，不仅不是浪费时间，而且是可以促进孩子阅读发展的。因此，尽管放心，孩子看就好，特别是在孩子还没有阅读习惯，对阅读还不感兴趣的阶段，更是如此。千万不要认为孩子已经五年级、六年级了，再看轻松读物、再看"没有营养的书"就不行，我们首先应该注意到的是孩子的阅读兴趣处在什么程度，而不是看他们上到几年级了。

阅读的不同阶段：初高中

体现阅读成效的阶段

学龄前的早期阅读启蒙、长期的亲子阅读，小学阶段的大量阅读、高品质阅读，在孩子上了初中之后，"成效"就更明显了，主要表现在，语文成绩不会差，往往还很好；阅读理解表现优异；作文常常得高分；英语学科也与此相同；还有其他学科，一般也不会差。

相反，那些很晚才开始阅读、阅读量不够、阅读品质不高的孩子，到了初中之后，劣势也逐渐暴露得比较明显。主要表现在，语文成绩不理想；阅读理解容易出错；写作文很费劲且得分不高，并且即便花费高昂的补课费在课外一对一补课，也很难有多少提升，甚至根本起不到什么作用；其他学科要想学好，也很困难。

可能这个时候，家长才慢慢明白过来，阅读是学习的基础，所有文化学科的学习都离不开阅读。

但上了初中之后，学业负担变得更加繁重，课后能够自由支配的时间会比之前少很多，也就很难有阅读的时间了，这是目前让人感到非常无奈的一个现状……

然而，对于很早就开始阅读，并且一直有持续大量阅读、阅读兴趣良好的孩子，即便上了初高中后，仍然会在"百忙之中"挤出时间看书。他们的阅读能力、写作能力、知识面、理解能力、思维能力将会进一步得到锻炼和发展。

而那些很晚才开始阅读、阅读量不够、阅读品质不高的孩子，上了初中之后，看书的时间会越来越少，除了一些规定的书目，几乎不会再看其他的书（或者只看一些流行的轻松读物），阅读量进一步减少。这些孩子阅读能力、写作能力、知识面、理解能力、思维能力锻炼的机会就更少，发展就相对有限。

于是，就会出现一种"马太效应"，前一类孩子由于处在一个良性循环中，不但能够学得好，而且学得更轻松，并且不需要花钱花时间去报补习班；后一类孩子由于处在一个恶性循环中，不但很难学好，而且学起来更困难，即便花了钱花了时间报了很多补习班，也不见得有什么好的效果。就这样，差距越拉越大。

除了对于学业成绩有很大影响，阅读对于从青春期走向成年的孩子的思维锻炼、思想形成、人格塑造和精神成长都大有裨益，而这不仅影响孩子考上哪个大学，而且对他们以后的学习、工作和生活，以及精神状态都有着深远的影响。

因此，即便是在初高中学业繁重、时间异常紧张的情况下，抽出一定的时间阅读，也是非常有必要的。

如果孩子能够自主地去阅读，那么家长和老师还是应当尽可能地理解和支持，万万不要以学业学习为理由反对，甚至禁止孩子阅读。这样做实在不是明智之举。因为阅读实际上是促进孩子学业学习的，是有利于孩子学习成绩提升的。虽然看起来好像是浪费时间，但这是在锻炼孩子底层的学习能力，"磨刀不误砍柴工"啊！

即便孩子看的书不是所谓的必读必考书，不是那些名著，只是一些孩子比较偏好的书，这些书往往被家长和老师称作"杂书""闲书""没用的书"，也应当给予理解和支持。甚至，就算孩子看的书是一些所谓很轻松易读、"没营养"的书，也不应当一味地去反对、禁止。因为这些书虽然不能在思维、思想和阅读能力上让孩子有多少提升，但却是一种比较好的放松方式。毕竟初高中的学业学习是非常紧张的，适当放松一下紧绷的神经，也是很有必要的——这看似没用、浪费时间，但其实反而会让孩子学习更有效率、更容易学得好。当然，如果孩子沉迷于此，就另当别论了。可能要从其他方面考虑，例如为什么孩子对学业学习没有动力，甚至放弃不学，转而痴迷于看这些书等。

初高中生读哪些书？

首先要说的是他们可以读任何他们喜欢的书。只要是正规出版物，不沉迷即可。

其次，我们可以主动为他们找一些适龄的、适合他们认知和阅读水平的、品质较好的书，当然如果能够了解孩子的阅读偏好，找到一些他们更可能喜欢的书就再好不过了。每个孩子都不同，都有自己独特的喜好，因此，多了解孩子，是特别需要去做的。也就是说，我们与其关注孩子看的书好不好、行不行，倒不如把心思多放在去寻找有哪些好书是孩子更可能喜欢看的。

书选好了之后，只要找恰当的时机，送给孩子或者拿回家放在孩子可以看到的地方即可，千万别因为自己花费了很大心思挑选、花费了不少钱，就非要求孩子看完不可。我们每多给孩子一点儿压力，就会让孩子多一些远离那些书的可能性。我们所需要做的，就是不断寻找、尝试，至于孩子看不看、什么时候看、怎么看，那都是孩子自己决定的事了。阅读原本就是如此，是非常个性化私人化的事。我们实在不必多嘴、不必自寻烦恼，非得去干涉、要求，那样往往适得其反、吃力不讨好。

如果孩子能够抽出一些时间去看这些书，就已经很难得！而我们往往又总不能知足：孩子不看书时，希望孩子能去看书；孩子看书了，又希望孩子看更好的书；孩子看的是好书，又希望孩子能够看得更深入。希望孩子能够这样看、那样看，要求孩子看完之后做个摘抄、写个读后感等，如果孩子不按照自己的想法去做，就感觉孩子"没读懂""没吸收""没思考""没输出"，实际上，这不仅是对孩子阅读不了解，也是对孩子不信任……

他们读就好。

如果非要让孩子"读得更懂""吸收更多""有更多思考"，那倒不妨自己把书也看一看，至少自己了解书中的内容，有一些自己的感受和思考，这样才有可能去跟孩子交流、探讨。既然是交流、探讨，还是先说说自己看了书之后的感悟，这是一种分享，而不是说教、灌输，也不是考查、考试，没有所谓的标准答案，不能自以为理解得"对"、思考得"深"，就让孩子听自己的，否则，这种方式对初高中的孩子根本行不通，搞一两次，孩子就不会再给我们机会了。

初高中以后，不少语文老师会让学生做摘抄、批注、赏析，做很多试卷、阅读理解题目。从应试或者教学的角度来看，当然有其理由。但这里还是要建议一下，摘抄、批注、赏析，或者阅读题目，能否减少一些，多留一点儿时间给学生自由自主阅读（FVR）。减少了做练习和题目的时间，看上去好像会影响到语文成绩的提升，但从前面的分析我们知道，实际上反而是有利于语文成绩提升的。

一位刚升入大学的学生介绍了她初高中时的阅读情况，我们来感受一下阅读的力量：

《我与阅读》

（作者：魏奕彤）

当写下这个标题的时候，不经意间，脑海里跳出了《我与地坛》。于史铁生而言，地坛的重要性无可估量。同样，于我而言，阅读的重要性也有过之无不及罢了。

高考结束后，重启"阅读推广"项目，由于项目转型，陡然间的压力不言而喻。再回首，思索自己的阅读经历时，不免想起了史铁生先生在地坛中找到的绝处逢生的希望，如旱地恰逢甘霖。而我也在等一份希望，重读《我与地坛》，这一瞬间也给自己一丝慰藉了。

回归话题本身，我的阅读经历，大概是精彩的。

印象中，第一次给自己留下深刻印记的是《安徒生童话》吧。小时候的自己内向羞涩，陪伴自己度过那段孤独时光的大部分都是书了。在那个年纪不曾想过故事背后到底是什么样的背景，只知道去感知每个角色或高兴，或难过的心情。现在，再想起《海的女儿》，已经记不清多少次因为小人鱼而泪流满面了。渐渐地，自己也学会站在别人的角度去感受别人心情是好是坏。也许，这就是大家口中的"体谅"了吧。

除了童话的陪伴，还有一些书给了自己力量。大概是自己曾经过于木讷，不会表达，因此被人误会，受到或多或少的伤害。虽然从来不曾把自己的情绪流露出来，但是，还是被细心的长辈所捕捉到。在这之后，我第一次收到了作为礼物的书——《生气不如争气》。可能与大多励志书很像，所以，我们不评价这本书的价值。但对于那个阶段的自己来说，更多是慢慢学会去心平气和地面对很多负面情绪。积极、乐观、向上……后来也为塑造那个落落大方、交友颇多的自己贡献了许多力量。当然从另一方面来说，这本书也打开了自己的阅读面，不会再局限于故事情节了。

后来的自己在面对阅读时便有了高尔基的感觉——"我扑在书籍上，就像饥饿的人扑在面包上一样"。自然而然，阅读量也越来越大，书籍的类型也涉猎广泛。可是，不是所有的书读完都是有共鸣的。在阅读的过程中，我也在寻找一个和自己相契合的灵魂，会去探索作者赋予每个形象的魅力。

那些形象的魅力，或深或浅地印刻在我的心里，因而有了那些和别人侃侃而谈的瞬间，激动、感慨、低落、喜悦……

每一份对阅读的感情最终会回归平淡，但是，它们确实存在，也确实塑造了自己。

我阅读的经历也不仅限于塑造，或许还应该有引领。

2017年，是我第一次接触《穆斯林的葬礼》。比起小说本身的爱恨纠葛，我更多领悟的是真挚的爱，人性的光辉以及民族大义。从而，在书中的探寻也不再局限于形象，而是书背后的一些故事。背景的深刻让每一个故事有了不一样的味道。这些味道也指引每一位读者，摆渡每一位读者。而情节所演绎出来的根本，更多是一种对价值观的引领。从此以后，我也渐渐地看到了阅读的重要性。

大概是阅读给予了自己很多的助力，在语言类的学科上有了些许优势。再加上学业上的顺利，心里萌发的"阅读推广"项目因此也得到了一个不错的平台。

项目推广期间，各种困难、阻碍，都在每一次读《平凡的世界》后所突破。当看到孙少平为自己想要的人生努力读书，孙少安的积极探索生活时，这些无形之中鼓舞了自己，让自己拥有"大不了重来"的勇气与魄力。这每一小步的成功都在不遗余力地告诉自己"幸亏没放弃阅读"！

当然，阅读给予我的力量也化为了荣耀。后来，我们的团队在全国性的比赛中也取得了不错的成绩。同时这些力量也帮助我证明了自己的能力，收获了真挚的友谊。

此时，我们再理性地剖析阅读的益处时，已显而易见了。除本身对语言类学科素养的提升，以及文学常识的积累外，更多是对个人的影响。一方面是对自己的性格、表达上的塑造；另一方面是对自己观念、意识的引领。总而言之，就是自己全方位地提升了。

2021年的阅读推广，于我来说又是一个新的开始与挑战。从线下转为线上，从较窄的受众群体转向更多人群……难度越来越大，阻碍越来越多。但是，我们从未止步，并且奋力拼搏。

从当下来看，每当我遇到挫折，都会选择用阅读这种方式来让自己平静。只有自己沉浸在阅读中，才能在喧闹的环境里收获一份理性。

除此之外，从小就培养的阅读习惯也离不开父母的支持。现在再看着自己满屋子的书时，一份感激涌上心头。庆幸我的父母没有因为任何原因让我远离阅读。

这时再说起我的阅读经历，它确实是丰富多彩的。

现在的我们处在这个充满诱惑的环境下，在碎片化的时间里，无论是初识一切的小朋友，或忙于工作的青年人，抑或是悠闲生活的老年人……即使是短暂地浸润于书海之中，也能让自己的心灵饱蘸墨香。

通过这段文字，我们应该可以感受到阅读不仅没有影响学习，还促进了学习及其他方面的发展。

如果初高中还自主地持续阅读，那么他们很可能会在大学、在以后的生活中继续阅读。阅读将成为他们一生的习惯，成为他们的生活方式……

如果之前错过了，孩子到了初高中不喜欢阅读，是否还有办法让他们对阅读产生兴趣呢？

我可以肯定地说："有！"只要父母能够足够意识到阅读的重要性，下定决心培养。

初高中，确实已经非常难了，因为这个时期，课业负担繁重、自由支配时间少，加上孩子大了，已经有了自己的习惯和爱好，也有了很强的自主意识，此时培养的难度远超过小学，更别说学龄前阶段了。

但这并不意味着就没有可能了，办法总还会有的，就看下多大的决心了。如果足够重视，很多问题就能够找到解决方案，甚至迎刃而解。

例如，关于初高中学业重，没有时间的问题，如果我们真正理解阅读是促进学业学习的、能够提升学习效率和考试成绩的，那么必然会留出一部分时间阅读。前面我们已经指出，阅读不仅是对学业学习有帮助，对孩子一生都大有裨益，因此，如果我们把阅读看得比学业学习更重要，那么就会有更多的阅读时间。

时间的问题解决了之后，就是方法的问题了。对于这个年龄段的孩子，一个最好的方法就是从孩子的兴趣入手，例如，孩子喜欢踢足球，找一些关于足球的书；孩子喜欢画漫画，就找一些关于动漫的书；孩子喜欢军事武器、科普探秘、电脑游戏等，就找这方面的书给他们。给他们这些书，不要以让孩子看为目的，而是以给他们提供帮助、支持为目的。

当然，如果父母能够看一些适合这个年龄段的书，找恰当的时机，不经意间跟他们分享一下，也是可以尝试的方法。只是，千万不要说教，也不要推销那本书，是真正地"交流分享"。既然是分享，就是自己觉得好，然后用这种热情、情绪感染孩子。这里的挑战是，如果平时父母跟孩子很少交流，或者无法融洽地交流，或者亲子关系不怎么好，那就很困难、无法实现。

需要指出的是，这是一个不断尝试、长期培养的过程，任何方法都无法让孩子由不喜欢看书一下子就喜欢看书了，阅读兴趣培养，即便是从很小开始，也是一个很漫长的过程。明确这一点后，就不会因为短期见不到"效果"而"怀疑动摇"，进而彻底失望、放弃。

常见问题
弄清这些问题，阅读培养不焦虑

1. 孩子总喜欢看某一类书，怎么办？

不少家长都发现孩子总喜欢看某一类书，甚至看完一遍还要再看一遍，其他的书就是不看。对此，我们可以从两方面着手去应对。

首先，就是尊重孩子的阅读偏好。每个人的口味都不一样，有的人喜欢吃辣的，有的人喜欢吃甜的，没有口味偏好的人极少。阅读也是这样，孩子都会有自己的阅读偏好，非常正常。我们不能要求孩子对所有的书都喜欢，这是不现实的。

另外，不同的孩子，偏好程度也不一样，有的孩子大多数书都喜欢看，没有特别明显的偏好，而有的孩子则不同，他们的偏好明显，符合偏好的书就特别喜欢看，不符合偏好的书基本不会去看。同样，我们也可以用人的口味来理解：有的人辣的、甜的、咸的、酸的、麻的，甚至苦的，都可以吃；有的人一点儿辣不能吃、一点儿麻不能吃、一点儿酸不能吃等。就像我们不能要求不吃辣的非要去吃四川火锅一样，所以我们不能要求孩子看不符合他们阅读偏好的书。

其次，给孩子帮助和引导。在理解和尊重孩子的阅读偏好前提下，我们可以给孩子提供适当的帮助和引导。理解和尊重绝不是说对孩子不管不问。

孩子喜欢某一类书，那我们至少可以再去找找还有哪些相同或相似类型的书，如果能够找到品质更好的同类型的书就更好。这些书，大概率孩子会喜欢看。比如冒险类的，除了《鲁滨逊漂流记》，还有《手斧男孩》《荒野求生》等；幻想小说，除了《哈利·波特》，还有《纳尼亚传奇》等。

另外，也可以用下面"如何让孩子看好书"这个问题里的方法尝试引导孩子看其他类型的书。具体方法，请参见第五个常见问题。

这里想特别说一种方法，供大家参考：

如果我们对什么感兴趣，或者喜欢看哪本书，如果有人也表示感兴趣、愿意听我们分享喜爱的热情，多半我们会乐意去跟他分享，并且会感到开心，也对那个人有好感。之后，那个人如果谈谈他喜爱的东西、喜爱的书，我们拒绝去了解的可能性就小很多，多半也会饶有兴趣地去听听，了解一番。

所以，要想让孩子认同我们给他们推荐的书，让他们不排斥，还要引起他们的关注和兴趣，那么首先我们也得去关注孩子喜欢的那些书，最好是饶有兴趣地去了解，真切地让孩子给自己介绍介绍。这一步的关键是真诚，真诚地想要去了解孩子喜欢的东西，而不是作为一种手段。如果孩子愿意去跟我们说说，分享他的热情，在适合的时机，我们也可以顺便分享一些我们找到的一些好书。这一步的关键，是顺其自然，千万不要太刻意，不要为了给孩子推荐书而生硬地告诉孩子哪本书好，否则，孩子会很反感，觉得自己被"套路"了。当然，在给孩子推荐书的时候，自己首先还是要看一遍，如果书确实打动自己，自己喜欢，再去推荐。否则，就没有什么热情可以分享，也就很难感染、影响到孩子。我们推荐的书，就很难吸引到孩子。

所以喜欢孩子喜欢的，孩子才能喜欢我们喜欢的。

2. 到底要不要"指读"？

对于要不要指读这个问题，可以说困扰了很多人。有的人说要指读，而有的人说不要指读。

我们不妨先不做判断，梳理一下这两种观点，了解一下具体是怎么说的。

先来看看支持指读的观点。

支持指读最主要的观点就是，认为指读可以帮助孩子识字。

他们认为通过指读，可以逐渐让孩子建立字形意识或者说文字意识，即让孩子认识到文字是有读音的，不一样的字有不同的读音和意义，一个字对应一个读音。

支持指读的第二个观点认为，边读边用手指着字，可以帮助孩子集中注意力，不会走神。

支持指读的第三个观点，也是很多人会提到的，就是认为指读能促进孩子的阅读发展。他们认为，不指读，孩子不会关注文字，总是看图，难以自主阅读；他们认为，指读是孩子阅读的一个必经阶段，至少也是重要的手段；他们甚至认为，孩子到小学难以自主阅读，就是由于之前没有指读造成的，或者跟没有指读有很大关系。

另外，还有其他一些支持指读的观点，比如，认为拿着书不出声，也不指字，就无法确认孩子是否真正在阅读，而边指字边读，则容易确认这一点；认为指读会让孩子在阅读的时候，不漏字，也不跳行；认为指读是一种有效的阅读方式，可以做到"口到、眼到、心到"；认为指读能够锻炼孩子的协调能力、专注力、思维能力，让孩子了解看书时阅读文字的顺序等。

那么，支持指读的这些观点的依据是什么呢？

支持指读的第一种依据是：某项心理学的研究。

其认为指读会把孩子的视觉引导到文字上，让孩子注意到文字，从而有助于文字意识的建立。

支持指读的第二种依据是：某育儿畅销书就是这样写的。

支持指读的第三种依据是：古人就是这么说的。

例如，明代《教子良规》中说：

> 小儿须先令其认识所读之书之字，然后教以习读。必令其逐一手指，挨字而读……

支持指读的第四种依据是：权威人士的看法。例如，某某专家、某某老师说要指读。

支持指读的第五种依据是：个人的经验。因为指读，自己孩子阅读如何如何好；因为没有指读，自己孩子阅读如何如何不好。

接下来，再来看看反对指读的观点。

反对指读的第一种观点是阅读不是认字。

阅读不仅要把字认出来，而且需要断字、断句，理解词语的意义、字形语音语义的转换，把握上下文的内在逻辑，与个体经验建立联结，从而构建意义等。

因此，即便是指着字读，每个字都读出来，字都认识，如果不能理解其意义，也并不是真正的阅读。

另外，阅读甚至不需要认字，例如，读无字书、图画书、漫画书等。

不支持指读的第二种观点是指读影响阅读体验。

特别是在亲子阅读时，会影响孩子沉浸其中，因为无论是父母还是孩子用手指着字，都会干扰孩子的注意力；很难营造出轻松快乐的亲子阅读氛围，难以让孩子或者父母体会到亲子阅读带来的愉悦。原本是难得、珍贵的亲子阅读时光变成了一个比较枯燥的过程。

不支持指读的第三种观点认为指读影响孩子读图。

对于图画书来说，如果指着字，要么把孩子的注意力引到了文字上，要么是干扰了孩子读图。图画书是一种新的图书门类，与以往的图书不同的是，图画书加入了一个新的叙事媒介，即图画。

图画书中的图不是可有可无的，而是具有叙事功能的，很多信息不是通过文字来叙述，而是通过图画来表达的。要完整理解一本图画书，需要将文字传达的故事和图画传达的故事融合在一起。

另外，图画书中的图还具有艺术性，这对培养孩子的观察、审美能力都会起到帮助作用。

同时，图画书中的图还有很多趣味性，而且孩子自己很容易就能够看懂。通过读图，孩子可以获得轻松有趣的阅读体验。

另外，不支持指读的观点还有：影响阅读兴趣、影响阅读速度、影响对图画书的整体理解等。

那么，不支持指读这些观点的依据是什么呢？

不支持指读的第一种依据是：经典亲子阅读指导书籍。

例如，被誉为"日本绘本之父"的松居直在其经典亲子阅读指导书《幸福的种子：亲子共读图画书》中就多次谈到，要多给孩子读书，而且读的时候不要教孩子认字，更多的是把关注点放在享受亲子阅读上。

不支持指读的第二种依据是：阅读推广人几乎都不支持指读。

不支持指读的第三种依据是：儿童阅读的规律和特点。

儿童阅读发展是一个渐进而长期的过程，每个孩子都有自己的发展节奏，所以，要给予孩子更多的时间，给予孩子更多的支持和引导，而不是做一些拔苗助长的事。

在培养儿童阅读的过程中，要始终把阅读兴趣放在首位，尤其是在孩子还不能完全自主阅读的时候。

因此，应当更多地关注孩子的阅读体验，让他们尽可能享受到阅读带来的乐趣。而一旦有了兴趣，他们会如饥似渴地进行大量阅读，那时阅读能力提高就是水到渠成的了。

列举了这些要指读和不要指读的一些看法后，如果还比较纠结的话，下面给大家提供一些思考的方向，也许有助于大家得出一个明确的结论。

上面列举的大多是从实用角度来看的，例如指读能够带来什么，不指读能够带来什么。还要考虑孩子的年龄。例如，即便是希望孩子认字，实际上到孩子对文字感兴趣的时期，再去指读，效果才会更好。

除此之外，价值取向也有很大影响。例如，有的人说，我就是希望孩子认字，什么观察、审美都不重要；有的人则认为小时候对孩子观察、审美的培养远比识字重要。

价值取向不同，当然所看重的就不一样。

凡事有利有弊，所以，我们得权衡利弊，抓住核心和关键。

对于早期阅读来说，什么是最重要的？最重要的是阅读体验、阅读兴趣的培养。

对于亲子阅读来说，什么是最重要的？阅读培养当然很重要，但还有更重要的一点往往被忽略，那就是亲子陪伴、亲子交流。

不同的人看到的可能不一样，甚至截然相反。

很有意思的是，几乎所有的阅读推广人都不支持指读，而支持指读的，多数是心理学者、育儿畅销书作者、老师等。

下面说几点我个人的看法供大家参考：

第一，是关于指读的。如果仔细观察那些指读的人，无论是孩子还是家长，实际上读的字和指的字几乎是无法——对应上的，除非一个字一个字读出来，一个字一个字去指。

如果是这样一个字一个字指，指一个字读一个字，孩子多半是不喜欢这种读法的。相比较之下，他们更乐意父母可以自然地读，不用手指着字。

有的父母说，孩子自己要求指读，不指读不行。

其实，没有孩子一开始就非要这样指读不可。这种情况多半是有成人做了指读的示范，或有过要求，不是在家里，就是在幼儿园或者其他地方。

除非只考虑识字，不太考虑其他方面（如阅读体验、观察与审美培养），低龄阶段可以不用考虑指读，但偶尔指着图，甚至字，也未尝不可。

孩子如果对文字感兴趣，到了所谓的"文字敏感期"，孩子自己要指着字读，也不必反对。

有些关于指读的说法，是不太靠谱的，例如，若不指读，孩子就难以过渡到自主阅读；而实际上，自主阅读跟很多因素都有关系，很多孩子以前没有指读，但依然可以很好地过渡到自主阅读。

另外，把指读跟阅读能力挂钩也不靠谱，这是很显然的，因为如果真是这样，那提高阅读能力就太简单了。相反，指读反而会影响阅读速度，而阅读速度是阅读能力的一个方面。

第二，诸如指读可以培养专注力等一些说法，显然也是不靠谱的。

关于儿童阅读，前面我们已经说了一些，这里想再次强调：儿童阅读培养最重要的是阅读兴趣，凡是影响阅读兴趣的，都应尽可能避免；儿童阅读发展是渐进而长期的过程，只要阅读兴趣培养出来，最后孩子都能够自主阅读，我们需要给孩子时间和引导。

今天的儿童读物已发生了巨大的变化，无论是种类还是数量都是以前无法相比的。

有很多更适合孩子阅读的书，其中最主要的就是图画书。

这种新的图书门类，由于其特质跟以前的书有很大不同，这带来了阅读观念、阅读方式的变化。

图画书已经成为儿童早期阅读最合适和最主要的读物。而很多人对图画书的认识还不够深入，甚至还没有多少了解。这就造成了其阅读观念和阅读方式不适应新的情况。

例如，在某短视频平台，2岁半的孩子"指读"《易经》，无论指读是否有必要，这种读物都不适合他这个年龄段。

再进一步深入思考，为什么有的人比较看重指读带来的那些好处，而有的人却更看重不指读带来的好处呢？同样的利弊，为什么不同的人看到的不一样，或者看重的不一样呢？这其实跟每个人某些深层次的观念有关。

例如，识字观。由于中国几千年来识字的人占少数，即便中华人民共和国成立之初，文盲率也很高，一直以来人们甚至认为能"识文断字"就是有学问。

今天，中国的基础教育早已解决了识字问题，到小学毕业，所有的学生都能够识字，而且差别不大。

但数千年来形成的传统观念没有转变，还是过于看重识字教育，即便到现在，仍然还有一些家长以孩子很小就认识很多字为荣。今天的社会环境发生了翻天覆地的变化，而且还在快速发生着变化，我们的观念也应当与时俱进，否则用力的方向错了，培养出来的孩子很难应对未来的全新挑战。

例如，阅读观。我们都知道阅读是通过文字符号构建意义的过程。这是一个非常复杂的过程，并不是认字了就可以阅读了，即阅读并不是认字的过程。早期阅读更不能看作认字的过程。

另外，除了通过文字来获取意义，也能够通过图画来获取意义，最典型的就是无字书，即便其没有一个字，也可以阅读。也就是说，我们如果认为读字才叫阅读，而读图就不叫阅读，或者没有考虑到读图也是阅读，那这种阅读观显然也是不全面的。

还有就是亲子阅读观，有的父母把亲子阅读看作孩子给自己的一个任务，当作一种负担，而不是孩子给自己的一次享受美好亲子时光的机会，那么就必然希望孩子尽早认字、尽早自主阅读。有个支持指读的人甚至说，孩子通过指读学会自己阅读后，"妈妈就可以偷懒了"。

当然，更深层的还有儿童观和教育观等，因为涉及更多方面，这里就不再说了。

这里特别做个提醒：如果有人支持指读，说指读可以帮助孩子识字，又去推荐识字的产品，并且当孩子不喜欢指读，仍然去解释一通、让父母叫孩子指读的时候，父母需要特别警惕。

　　这个时候，父母更应当听从孩子的心声，而不是考虑其他人怎么说，无论他是老师还是什么专家。

　　是指读还是不指读，其实就看父母对儿童阅读、亲子阅读、儿童读物等的认知。看父母看重的是哪个方面，是让孩子尽快识字，还是培养孩子的观察、审美能力；是尽早独立阅读，还是培养良好的阅读兴趣与享受美好的亲子时光。

　　其实，指读这个问题与孩子阅读本身发展没有多大关系，而与父母那些底层的观念关系密切，这些底层观念决定了父母看到或者看重指读带来什么、不指读带来什么，进而决定是指读还是不指读。

3. 如何过渡到自主阅读？

　　现在越来越多的父母认识到早期阅读的重要性，所以很多人都在孩子很小（甚至不到 1 岁）时就开始和孩子一起亲子阅读了，而且有的几乎每天都会读。

　　这样，等孩子到 4~5 岁时，累计起来，就已经读了上千天，读了上千个故事，有的一个故事还会读很多遍。

　　可是，读了这么多，孩子就是不去自主阅读，总还是喜欢让父母读。于是很多父母会想，什么时候孩子才能自己读，不要父母读呢？

　　经过上千天的亲子阅读，仍然看不到孩子自主阅读的迹象，似乎亲子阅读就没有个尽头。

　　于是，我们会看到很多父母就要求孩子自己看，希望孩子能够独立阅读。

　　他们的理由大概有以下三类：

　　一是认为父母已经读了很久了。

　　有的读了好几年，读到了小学，甚至到了小学一年级、二年级。

有的因为开始得很早，所以读到孩子 4~5 岁，甚至 3~4 岁，就感觉读了很久，但还是要每天读，没个尽头，所以希望孩子能够尽早自己读。

二是认为孩子很大了，比如已经到了小学一年级、二年级了，应该自己读了。

当然，也有孩子在 4~5 岁，甚至 3~4 岁时，父母就觉得孩子已经到了可以自己读的年龄。

三是孩子上了小学，老师要求独立阅读。

因为是学校老师的要求，父母即便还愿意和孩子亲子阅读，也不得不让孩子自主阅读。

于是，父母就采取了各种措施，要么直接中断亲子阅读，要么要求孩子必须自己读。如果孩子读不了，就找来带拼音的书；有的还要求孩子必须读出声音，以便确认孩子到底是不是在读。

父母采取这样的措施后，可就苦了孩子，他们要么抗拒，要么不得已去读，也很费劲，半天读不了几页。

这些做法都会让孩子苦恼不已，甚至感到痛苦。

如果一直这样下去，时间长了，孩子就慢慢失去对阅读的兴趣，不想再接触书，甚至对阅读产生抵触、畏惧情绪。

而父母也会遇到越来越大的困难，要在这上面越来越费神，弄得比较苦恼或焦虑。

那么，孩子为什么不愿意自主阅读呢？这主要跟阅读兴趣、阅读能力，还有其他一些因素有关。

很多父母说："我给孩子读了很多年书了，3 岁不到，甚至 1 岁不到就读了，而且孩子很喜欢我给他读书，有时候还会主动拿书让我读，甚至不读不睡觉，怎么会没有阅读兴趣呢？"

当然，这里不是说孩子完全没有阅读兴趣。只是，我们要进一步去思考，孩子这些行为更多的是不是一种习惯，比如到晚上睡觉前，就要让父母读书？

如果孩子有浓厚的阅读兴趣，无论多大，孩子都会主动拿书，并且自己看。无论他们是看图，还是看字；无论是真正读书里的内容，还是看书里的某处画面；无论是翻弄书里的某个机关，还是只是假装在看书，其实都是一种自主阅读的行为。

也就是说，孩子在学龄前，甚至幼儿期就会有自主阅读的行为，并非要到小学、等到认字之后。

当然，现在很多人认为只有自己读文字，才叫自主阅读，自己读图，就不算自主阅读，自己拿书翻、假装读书，更不是自主阅读。

但这只是对自主阅读的片面理解，对儿童阅读的特点不够了解。

如果孩子从未有过自主拿书看、自己假装看书的行为，那么说明孩子对阅读还不太感兴趣，阅读兴趣还不够浓厚，虽然他们也喜欢听父母读书。

当一个孩子有足够的阅读兴趣时，必然会自主阅读。没有能力读文字，他也会去看图画；不能一页一页长时间地读，他也会短时间去翻一翻。

除了阅读兴趣不够，阅读能力不足也是孩子不愿意自主阅读的重要原因。

有的父母不理解，孩子已经认识很多字了，为什么还不能自主阅读呢？其实这就混淆了"认字"和"阅读"的概念。一方面，阅读不一定需要认字，例如可以通过读图获取信息，无字书就是典型的例子；另一方面，即便只考虑读文字的情况，字都认识，也不一定能够阅读。因为阅读（这里指读文字书），不仅需要认识文字，还需要能够将文字转换成有意义的语言，这个过程涉及非常复杂的因素，例如阅读策略、个人的经验及认知水平等。

我们千万不要以为孩子认识字，就能够读书了。很多人都有这个误区。

孩子读起来很费劲，或者读不懂其中的意思，显然是不愿意去读的。这一点不少成人会上纲上线，说孩子懒、不愿动脑子、怕吃苦，但我们想想成人不也是这样吗，成人对于自己看不懂的书、需要很费劲去读的书，不是也看不进去、不想去看吗？

除了阅读兴趣、阅读能力，孩子不能自主阅读可能还有其他一些原因。例如，有的孩子甚至已经可以自己读了，但还是喜欢父母读给自己听，这可能是孩子比较享受跟父母亲子阅读，也就是说，孩子喜欢跟父母在一起的感觉。

特别是有的父母很忙，很少陪伴孩子；有的父母跟孩子在一起的时间比较多，但真正让孩子感到比较享受的高品质陪伴活动很少。这两种情况都会让孩子希望通过亲子阅读跟父母在一起获得更好的感受。

另外，还有一种情况，因为不易觉察，被很多有"二宝"的父母忽略了，这里要特别说一下：在"二宝"家庭中，如果父母因为把更多时间放在照顾"二宝"上，忽略了"大宝"，或者让"大宝"感觉被忽略了，那么"大宝"就会特别渴望父母能够多关注自己。显然，通过亲子阅读，能够让父母跟自己在一起，从而满足他们的心理需求。

原因分析清楚之后，就可以找到对应的解决方法了。

我们可以分别从持续培养孩子阅读兴趣、逐步锻炼孩子阅读能力、继续和孩子一起亲子阅读等几个方面，让孩子过渡到自主阅读。

关于阅读兴趣培养，在前文已经做了详细介绍，这里就不再赘述。

阅读能力的培养也是一个长期的过程，而且涉及很多方面。

除了识字量增加，还有对这些词汇的理解、熟悉程度，断字断句的能力，认知的水平，解码文字的能力，个人的经验，阅读策略的掌握，等等。

因此，阅读能力培养是一个综合的过程，也是一个需要长期锻炼、不断积累的过程。

这是培养孩子阅读能力首先需要明确的一点。

明确这一点，我们就不会把阅读能力简化为识字能力，更何况其实有的孩子识字并不熟练，远没有达到自动化处理的程度，甚至还有的孩子所谓的"认字"，只是知道读音不知道意思，严格来说都不能算作真正的识字——最典型的例子就是，集中在一段时间内去识字的孩子，即便常见汉字全部都能读出来，也是不能顺利阅读的。

除了识字，我们还要给孩子示范如何将文字符号转换为有意义，甚至是有意思的声音的，如何断字断句的，这些都可以通过亲子阅读来实现。

不仅如此，通过在亲子阅读中适当地引导，还能促进孩子对文本的思考，这让他们得到锻炼，间接获得某些阅读能力上的准备。亲子阅读过程中的交流，会让孩子接触到更为丰富的词汇；随着年龄增长，孩子认知水平也不断提高。由此可见，通过亲子阅读，可以很好地培养孩子的阅读能力。

还有一点是亲子阅读。让孩子自主阅读，却还要父母跟孩子一起亲子阅读，这是很多人都不太理解的。

前面已经说了要让孩子自主阅读，培养孩子阅读兴趣、提高孩子阅读能力至关重要，而要培养孩子的阅读兴趣、提高阅读能力，亲子阅读是非常好的一种方式。

有的父母可能认为，总是给孩子读，孩子不会产生依赖心理，永远都不会自己读吗？总要让孩子自己读才行。

这是对亲子阅读的片面理解或者没有讲究方法才导致了这样的误区。

确实没错，孩子最终是需要自主阅读。但自主阅读需要一个过程来过渡，而不是到了几岁或者几年级就一定能够自主阅读。

另外，这个过渡的过程，需要有人去引导才会更顺利、更快。父母完全可以通过亲子阅读帮助孩子去过渡。

例如，随着孩子年龄的增长，具备一定的识字量和阅读能力，在亲子阅读过程中，可以邀请孩子读书名、作者或者某个简单的词（如某个象声词）。再往后，可以邀请孩子读某个角色说的话，再往后可以相互轮流读一段、一页等。注意，这里一定是邀请的姿态，这一点非常关键。如果孩子不愿意读，千万不要勉强，下次再邀请，反正这样的机会多着呢。

甚至可以想各种办法吸引孩子参与阅读。例如，用机器人的语调读，很夸张地读，很快速地读，很慢速地读，一口气地读几句话。总之，越是读得有趣、好玩儿，越是能够吸引孩子去模仿，还可以把它变成一种游戏或比赛。

再次强调一下，以上这些都建立在孩子有一定识字量和阅读能力的基础上，并且在相互尊重、平等交流态度下的不断尝试。

随着孩子识字量的增加和阅读能力的进一步提高，如果能够顺利，甚至轻松阅读文字书了，父母还可以用点小小的技巧。例如，读个故事的开头或读故事精彩的部分，然后借故暂停离开，孩子没准就会因为被故事吸引而迫不及待地自己拿起书看。这里同样要注意，如果孩子坚决不让中断，无法顺利借故离开，那就继续给孩子读，反正以后还可以"故技重演"，总有一天孩子会忍不住自己去读。

另外，我们还可以借助一些图画书、漫画书、桥梁书，或者一些孩子很感兴趣的书，帮助孩子形成自主阅读的习惯。

这里也特别指出，儿童喜欢看带图的书是正常现象，并且也有着积极意义。例如，漫画书就对孩子过渡到自主阅读起到不小的作用——很多孩子都是经由漫画书过渡到自主阅读、自主阅读文字书的。

家庭阅读环境对孩子自主阅读也有一定影响。例如，家里是否有足够的、合适的或孩子喜欢的书，这些书孩子是否很容易地拿到，封面是否容易让孩子看到等。

当然，影响因素还有：平时是否定期到图书馆、阅读机构；父母是否阅读等。

这里特别指出一点，亲子阅读并非只是父母读，孩子被动地听。

虽说现在父母能够跟孩子一起亲子阅读已经难能可贵，但不能说，只要亲子阅读就够了。要想把孩子的阅读培养得更好，还需要讲究一定的方法。

例如，在亲子阅读的过程中，是否让孩子参与其中？参与了多少？多数情况都是孩子一直被动地听。如果之前，孩子除了被动地听父母读，基本没有积极主动地参与其中，那么很可能就会让亲子阅读向自主阅读过渡的过程变得更漫长、更困难。

例如，是否让孩子去选书，决定读哪本书，先读哪本后读哪本？是否让孩子去翻页、控制阅读的节奏，甚至让孩子决定阅读的方式？孩子在有疑问的时候，是否优先回应孩子，而不是继续读书？读完之后，是否能够跟孩子分享自己的感受、看法？是否能够用孩子易于接受、喜欢的方式启发引导孩子对读过的书进行思考，而不是简单让孩子去复述、总结？是否能够和孩子做一些游戏、活动等，将书中的内容延伸到实际生活中？……

这一切都是考虑一个目的，就是让孩子尽可能积极参与，让孩子觉得亲子阅读自己也有份，不仅仅是听的份。

如果之前一直都没有去考虑刚才说的这些，都是让孩子被动地听，显然，过渡到自主阅读就会更晚一点儿、更难一点儿。

我们需要明确的是，对儿童的阅读培养是一个长期而渐进的过程，应当从小开始持续培养。否则，认为孩子到了年龄就该自主阅读，多半都会给孩子带来不利影响，也会给父母自己带来困扰。

换句话说，儿童的阅读应当是一个水到渠成的过程。父母需要做的就是尽早、持续地去做，做到位了，自然就成功了。

如果不去做，只是等着，很可能会失望、遭遇挫败……

对儿童的阅读培养要特别明确两个关键点：

一是对儿童阅读的培养是一个渐进而长期的过程。也就是说，在短期内，不会有明显的阅读发展！每个孩子也有自己的发展节奏，不会是到了某个年龄，或者到了小学一年级，就能够水到渠成了。

二是阅读兴趣是对儿童进行阅读培养最底层最关键的部分。也就是说，没有阅读兴趣，就很难有大量阅读，也就很难提高阅读能力。

在对儿童进行阅读培养过程中，始终要把阅读兴趣放在首位，任何时候、任何情况下都要尽可能避免影响或者破坏阅读兴趣的言行。

有了阅读兴趣，孩子最后都能够自主阅读，只是时间节点不一样，有的可能在上一年级前，有的可能在上二年级前，有的可能在上三年级前。

除了孩子自身发展节奏的差异，还有一点影响很大，就是父母的引导。

如果父母用比较科学的方法去引导，并且很早就开始，又能持续进行，那么从亲子阅读转向自主阅读就会相对早一些。

如果没有进行引导，那就接受孩子稍迟一些才能自主阅读的现状，只要阅读兴趣没有被破坏，迟早都能够自主阅读。

如果父母之前既没有做好引导，又受到各种因素影响，例如学校老师的要求、同学间的比较等，责怪孩子，甚至强迫孩子去自主阅读或者想一些自以为是的办法，例如，让孩子看带拼音的书，让孩子遇到不认识的字就查字典等，都会影响阅读培养，甚至会导致之前成百上千天的努力付诸东流，造成孩子对阅读失去兴趣，对孩子的阅读培养彻底失败。

实际上，一年级或者说自主阅读，是儿童阅读的一道坎儿。

父母接纳孩子的现状、接纳自己以前没做到或没做好的地方，积极用科学的方法引导孩子，给予孩子必要的帮助，将会让孩子顺利迈过这道坎儿。

而一味地责怪孩子，或者不考虑儿童阅读的特点或孩子成长的节奏，采用简单粗暴的办法或者一些不科学的办法，都会将已经很吃力的孩子推到无助的境地，让孩子独自去挣扎，是断然无助于培养孩子的阅读习惯，无助于孩子成长的。

希望每位父母都能够与孩子站在一起，面对困难，与孩子携手迈过自主阅读这道坎，把孩子的阅读培养得更好！

4. 反复看一本书好不好?

经常遇到有家长反映说，孩子总是喜欢反复看同一本书，看了一遍又一遍，甚至能够看几十遍、上百遍，有的父母就有些担心，不知道会不会有问题，不知道这样读好不好。

为什么孩子就是喜欢反复看同一本书，看那么多遍还是不厌烦，甚至兴致不减呢？

首先从认知上来说。重复是儿童认知的需要，对儿童认知发展也很重要。

儿童特别是幼儿，在认知上有个非常明显的特点，就是他们会反复做一件事，甚至是不停地重复做一个动作。其实这是孩子的学习模式，他们通过不断试验、探索，获得感性经验，从而对所见的事物或者所做的事情逐步了解、加深认识，甚至发现规律，进而发生内化，转化为知识和技能。正是由于这种反复的练习，才让他们得以掌握和熟练应用知识和技能，让他们不断成长。

我们可以想想婴幼儿学说话，父母一遍又一遍重复，对孩子说着爸爸、妈妈、桌子、椅子、小猫、小狗，孩子才慢慢学会这些词。父母不可能对他们只说一遍或者几遍后，孩子不会说，或者说得不清楚，父母就不跟孩子说了。无论重复多少遍，只要孩子说得还不太好，我们还是会重复告诉孩子。

孩子看书也与此类似。看一两遍，孩子很多还不熟悉，还不能掌握，所以，就希望看一遍再看一遍。因为书中除了父母读出来的文字信息，还有图像信息，而图像的信息也可以说是无穷无尽的；而且每次读，可能孩子看到的都不一样。另外，还会涉及故事的情节和一些互动体验等，对于低龄的儿童，他们无法一下子全部掌握。

也许对父母来说，每一遍都是一样的，都是同一本书；但对孩子来说，每一遍都是不一样的，从某种意义上说，甚至可以看作不同的书。

其实成人在面对陌生信息的时候，也需要重复才能记住。例如，刚到一个新公司，虽然每个同事都做了自我介绍，但仍然需要一段时间才能记住他们的名字；要熟悉他们的性格，就需要更长时间。

这样类比一下，我们应该更能明白为什么孩子需要反复阅读了。

当孩子反复阅读很多遍之后，就会越来越熟悉，对这本书的认识也会越来越多，甚至会发现一些成人都没有发现的细节。

孩子每看一遍都保持像看第一遍一样的兴致，非常专注，可以说是全身心投入；相比之下，父母读几遍后就毫无兴致，读的时候就"有口无心"了。这结果就是，孩子听几遍就可以记住父母读的文字，甚至一字不落，但父母却根本做不到。

这恰恰说明，儿童反复阅读是他们学习的一个优势，成人虽然在经验上比孩子更胜一筹，但劣势却是，难以保持持续的好奇心，也无法像孩子那样用新鲜的眼光去看待事物，成人很多时候都是"视而不见"。

关于反复阅读一本书，有位心理学家说得好：

当孩子读第一遍时，会享受一个有趣的故事；

读第二遍时，会懂得一种认知的方法；

读第三遍时，会学会一些有用的知识；

读第四遍时，会完成一样动手的作品；

读第五遍时，会掌握一项思考的窍门；

读第六遍时，会了解一些生活的情趣；

读第七遍时，会体验一次好玩的游戏；

读第八遍时，会想象一幅美丽的图画；

……

其实，我们进一步通过分析孩子的心理，会更加明白他们为什么会反复看同一本书。

低龄的孩子对于熟悉的事物，更加容易接受和喜欢。一本看过的书，孩子因为熟悉了，不会产生陌生感和恐惧感，更容易反复阅读。所以，我们看到低龄孩子，如果要他们去选书，他们十有八九会选一本自己已经看过的书。

并且，由于孩子早已熟知文字内容，父母在读的时候，也能够预知到后面的内容，有一种掌控感。而且，想想看，由于孩子能够记住每一个字，当父母读错哪怕一个字，他们都可以给指出来，这多么有成就感。要知道，父母在低龄孩子的心目中简直就是无所不能、全知全能的人，而他们竟然发现了父母的错误。

另外，重复阅读是深入理解和阅读一本书最基本的方式，甚至可以说是必要的方式。因为要想精读一本书，只读一遍，肯定是不够的，无论低龄的孩子，还是大龄儿童，或者成人，都是如此，一本书读十遍肯定比只读一遍要理解得更透彻，收获更多。

父母都希望孩子读书的时候能够有一定深度，而不是泛泛而读，不是只看故事情节；没有人对孩子进行适当引导，很难掌握精读的策略；当然他们一般也不愿意搞什么精读。

而重复阅读其实是一种最基本的精读方式，并且可以自然发生。很多孩子遇到喜欢的书，一看就是好几遍，对里面的内容非常熟悉，简直就是个小专家。

只是随着孩子年龄增长，反复阅读同一本书的机会越来越少，反复阅读的遍数也会减少很多，一般不会再像低龄的幼儿一样，一本书可以反复看好几十遍了。

所以，父母更应当理解和支持孩子反复阅读，尤其是品质好的书。这里可能会出现一个问题，孩子总看一些父母或老师不太认可的书，怎么办？其实堵不如疏，孩子得到满足后，必然会转向其他书。当然，疏导的方法，以及怎么引导孩子看品质更好的书，则是另外一个课题了，可以参考"如何让孩子看好书"。

通过上面的分析，我们就明确了，孩子反复看一本书不但没有问题，反而还是非常好的现象。父母完全不用担心，孩子无论看多少遍都没问题。因此，我们不但不要担心或者阻止孩子反复看同一本书，而且还要尽可能地理解和支持他们。

5. 要摘抄好词做批注吗？

很多小学低年级的学生在阅读时都被要求摘抄好词、好句，到了中高年级有的还会被要求在书上做批注。

然而，无论是摘抄好词好句，还是做批注，孩子一般都不愿意去做。我至今还没有遇到一个孩子在看书的时候是真正喜欢摘抄好词、好句的。

他们在阅读的时候，喜欢一口气读下去，不喜欢还拿着笔去做什么批注，或者去找好词好句。读完之后，回过头去找好词好句，也觉得是一件又苦又难的差事。

孩子不愿意去做，但因为是老师布置的任务，又需要完成，所以家长也会感到很无奈，不做就交代不了任务；逼孩子去做吧，又怕影响孩子的阅读兴趣，或者造成逆反心理，得不偿失。

当然，不考虑孩子的感受，完全执行老师的要求，可能不会出现这种无奈，但或多或少也会遇到一些麻烦。

那么，孩子在阅读的时候，到底要不要去摘抄好词好句，或做批注呢？其实，这个答案很明确，不需要！就儿童阅读本身来说，一定是这样！下面我们来具体分析一下。

无论是要求学生摘抄好词好句，还是做批注，要么是希望学生积累词汇量，要么是让学生进行深入阅读。也就是说，都希望学生能有所长进。

但存在以下几个问题，需要深入思考。

第一，什么叫作"好词"？根本没有人可以说得清楚，因为原本就没有所谓的好词！

作家叶开曾经写过一篇文章，标题就是《世上本无"好词好句"》。他在文章中说，每个词语在形态和表达意义上，都有自己独特的价值，一个词不比另一个词更好，词与词之间也没有特殊的等级差。好句，也必须整合到整篇文章营造出来的特殊气息里才有价值。

因为原本就没有所谓的好词好句，就不可能有人可以告诉学生什么才是好词、好句，却又要求他们去摘抄，这实在是为难学生。所以，我们可以看到很多学生被要求做这件事的时候，都苦不堪言。这根本不是学生态度的问题，而是作业本身有问题。

叶开在这篇文章中还说到，专注于收集好词好句是典型的杀鸡取卵。

第二，阅读时摘抄好词好句，不符合儿童阅读的特点。看书的时候，还要想着哪些是好词好句，拿着笔给画下来，这很难让孩子沉浸在书中，难以享受阅读带来的愉悦。非要让孩子这样做，其实就是在违背儿童阅读的规律。

即便是在读完之后，再去找好词好句，也会把阅读变成一种任务，让孩子感到厌烦。这会影响孩子的阅读兴趣。

一位小学老师也曾经在《小学教学研究》上发文论述摘抄好词好句对学生的各种负面影响，这些负面影响除了刚才说的影响孩子阅读兴趣，还有违反语文阅读活动的法则、让学生养成浅尝辄止的不良阅读习惯，以及让学生养成堆砌辞藻、说套话假话的不良作文习惯，影响真实作文，影响真诚做人。

叶圣陶、张志公、吕叔湘、朱德熙等老一辈语文教育家，也都明确反对包括成语、华丽辞藻在内所谓的好词、好句。

阅读的方式有很多，做批注是其中一种，这种方式当然可以帮助我们理解、加深我们的印象，但绝不是只能通过做批注这种方式才能达到这种深入阅读。不同的年龄段、不同的人所使用的阅读方式都不尽相同。那些精深阅读的人，不见得都用批注这种阅读的方式！对于小学生阅读来说，做批注这种方式，普遍不适合他们。事实上，很难找到喜欢边看书还边做批注的小学生。他们都是尽情投入文字的世界，恨不得一口气读完。

把一种可选的方式，当作必需的方式要求学生去使用，而不考虑小学生的阅读特点，既没有什么效果，也会遇到很大困难。

阅读时，要不要摘抄好词好句，要不要做批注，首先我们应当明确这种要求到底是从哪个方面考量的，是儿童阅读本身，还是其他。

如果是从儿童阅读本身的角度出发，在阅读的时候，完全可以不要摘抄好词好句，也可以不做批注。

如果仅仅是为了积累好词好句，深入阅读，而不考虑儿童阅读本身的规律和特点，甚至只是为了完成老师布置的任务，那这显然已经不再是儿童阅读的问题了，要与不要，就完全取决于老师和家长的想法了。

关于摘抄好词好句和做批注，也许值得我们进一步思考：

摘抄好词好句，原本是为了孩子积累词汇量。词汇量确实有必要积累，只是我们是否可以进一步思考，通过摘抄好词好句的方式，是否有问题？是否还有其他更好的方式？

摘抄书中所谓的好词好句，虽然我们看到了孩子摘抄了很多词，但并不意味着他们能够记住，这些词他们也不一定能理解，也很难在恰当的情境下提取出来，这样孩子就无法去应用。

而如果孩子把更多的时间花在阅读上，他们可以在文本中看到各种词汇，而且由于这些词汇都在上下文的情境中，因此大量阅读不仅可以让孩子逐渐熟悉这些词，形成记忆，而且能够理解词义，更重要的是还可以在恰当的情境中提取出来，加以应用，例如应用到谈话和写作中去（不少家长认为孩子没有"应用"，多半都是阅读量还不够，无法发生"质变"，看不到所谓的"输出"）。

由此可见，其实把时间节省下来让孩子尽情地大量阅读，反而是积累词汇量更好的方式。只是这种方式是潜移默化的，不像孩子每天摘抄可以看到一些词，但那些抄下来的词只是放在纸上的，而不是放在脑子里的。而放在孩子脑子里的，我们才应该感到踏实，而不是看到抄在纸上的。

要求学生做批注，大概是让孩子读得更深入。但前面我们也说了这种方式其实并不适合孩子。对于小学生而言，阅读兴趣和阅读量是根基，没有这个根基，深入阅读基本上是空中楼阁，极难进行。因此与其让孩子花时间不情愿地去做批注，还不如把时间省下来多读一些书。小学阅读培养的重心是阅读兴趣和阅读量。有了足够的阅读兴趣和阅读量，以后深入阅读才更容易。另外，通过反复读一本书是深入阅读最基本的方式，对于小学生能够自然发生，也最可行。

国内外也有研究表明，在大量阅读中积累词汇量，是一种重要且有效的方式。有项关于在阅读中学习词汇的研究，研究结果表明，无论是低年级还是高年级，让孩子多阅读是促进词汇增长的有效手段。

以上说了这么多，就是让大家放心，即便是积累词汇，也不需要摘抄好词好句，对于儿童阅读培养来说，更不需要。

批注对于小学生阅读来说，普遍也是不适用的，或者说我们的关注点更应当放在小学阅读培养最重要的部分上来，即阅读兴趣和阅读量。

这原本是很清晰、易解决的事，但由于是老师布置的任务，因此就变得异常棘手，让家长无所适从。

有的家长为了满足老师的要求，就逼着孩子去做；有的家长可能会更多地考虑孩子的发展需求，想一些办法应对。

因此，虽然我们一再说明，从儿童阅读培养本身来说，摘抄好词好句和做批注都不是必需的，但落实到实际生活中，就不一定了，主要取决于家长从哪个方面去考虑。

因此，最终是不是摘抄、做批注，还是由老师或家长的观念决定。

6. 咬书撕书扔书怎么办？

我们都知道，早期阅读对孩子成长益处多多，例如促进孩子认知、语言和智力发展，增进亲子交流、建立良好的依恋关系等。

越来越多的父母在孩子很小的时候，甚至还不到 1 岁就给他们买一些书，准备好好开展早期阅读。

一开始都带着美好的愿望，以为孩子拿到书，会老老实实地坐着，认认真真地拿着书看，或者听自己讲。然而，往往在第一次开展早期阅读时，就会给父母浇一盆冷水，因为把书给孩子后，孩子不是把书放在嘴里咬，就是用手撕，或者直接扔掉，根本不看；父母读，也不听，要么直接走开，要么把书抢过去，根本不理会父母的一片热忱之心。

这样，要不了几次，父母的心情可能就会一落千丈，热情被现实中遇到的这些问题消磨殆尽。随后，也就会得出一些结论、做出相应的决定。

有的人就不再给孩子书看了，觉得书不是被撕掉、扔掉，就是放进嘴里咬，读也不听，那么还有必要给孩子书看吗？

有的人经历过几次孩子撕书、扔书、咬书、抢书之后，就认为自己的孩子就是不喜欢看书，或者认为孩子太小了，根本看不了书。

有的人认为孩子这么小就这样对待书，要是养成坏习惯，那以后还得了。于是把孩子咬书、撕书、扔书的行为上升到不良习惯，乃至道德层面，对孩子进行训斥，甚至打骂。

以上这几种看法和做法都是非常错误的。

这样肯定不能培养好孩子的早期阅读。而且对孩子来说，也让他们感到莫名其妙，受到委屈和打击，甚至伤害。

那么，为什么这样说呢？

我们得明白孩子为什么会产生上述行为。

原因大概分为两个方面：一是孩子内在的需求；二是早期阅读的特点。

我们先来看看孩子的这些内在需求，不仅是阅读培养，凡是涉及孩子的教育首先应当了解孩子。

下面我们从孩子的口唇敏感期、精细动作发展、探索的乐趣来看看孩子的内在发展需求。

我们都知道，孩子在婴幼儿期的某段时间里，会出现所谓口唇敏感期，在这段时期内，孩子总喜欢把东西放在嘴里，咬一咬、啃一啃、尝一尝，这一点想必有孩子的人都应该能够观察得到。

因此，在这个阶段，孩子把书放在嘴里咬、啃，是再正常不过的行为了，他们只是用口去感知、探索这个世界。

除了敏感期，精细动作发展是另外一个因素。

婴儿最早只能整把握拳，无法用手指捏，无法协调手指分化出更精细的动作，但随着孩子年龄的增长，这些精细动作就渐渐发展了。

在这一发展过程中，孩子有扔、撕、捏等内在需求，而扔书、撕书、抢书让他们的这种需求得到满足。

除了上述两个内在发展需求，孩子的咬书、抢书、撕书、扔书也是一种探索，是一种对书的认知过程。

孩子发现能够随意摆弄书，尤其是撕开纸张，产生一些变化，还有发出的撕拉声，让孩子觉得神奇、好玩，甚至有成就感。这都会让孩子有很大热情去撕书。

以上这些都是非常正常的行为，如果我们不了解孩子，很可能不能理解他们的这些行为，甚至还会上纲上线，进行道德说教等。

孩子咬书、撕书、扔书、抢书的另一原因与早期的阅读特点有关。

首先，孩子只有在接触书，有了拿书的动作之后，才能了解书、认识书。

之前没有接触过书，很显然，孩子不可能知道书是什么、有什么用，更不知道怎么用。只有孩子多次接触，在成人的示范、引导下才能知道，并且也不可能一蹴而就。这需要一个较长的过程。

所以，对儿童的阅读培养是一个渐进的过程，特别是早期阅读最初的阶段更是如此！

如果早期阅读在最开始时开展得很好，1~3个月就可以让孩子进入状态，但不可能书一拿给孩子、给孩子读，他们就能够明白要静静地听、一页一页翻看。实际上，对儿童的阅读培养不仅在学龄前阶段需要持续培养，在进入小学后仍需要继续培养，这是一个漫长的过程。如果指望一开始给孩子找一些书，或者给孩子读几次书，他们就知道去看书，那是不现实的，注定会失望。

很多人认为孩子看书，就是用眼睛看。但实际上早期阅读不仅是用眼睛看，还可以用耳朵听、用手摸、用鼻子闻；不仅是捧着书静静地看、静静地听，也可以动手动脚动身体。

另外，应当将早期阅读看作一种亲子游戏，一种亲子陪伴。

借助儿童读物，将孩子与父母连接在一起；让父母借助儿童读物这个工具跟孩子一起游戏、互动与交流。这个过程也是与孩子共度一种美好的生命时光，通过这种高品质的陪伴，增进亲子感情，感受幸福生活，给孩子以精神的滋养。

了解原因之后，我们就可以找到应对的方法了。我们分别来从观念转变、满足需求、读物选择和引导方法等几个方面来讲。

观念往往是行为的导向。所以，要解决孩子咬书、撕书、扔书等行为问题，首先要做的就是转变观念。多了解孩子、了解早期阅读，重新审视之前的看法，做必要的认知升级。

这里特别强调一下，转变观念是第一步，也是关键一步，没有这一步，后面的步骤几乎不可能实现。所以，前面谈了一些关于孩子和早期阅读的观点，希望能够给大家带来新的认识。

既然了解了咬书、撕书、扔书是孩子发展的内在需求，那我们就可以因势利导，满足孩子的发展需求：给他们一些可以咬、可以撕、可以扔的东西，比如找一些安全卫生的纸张给孩子撕，和孩子一起撕，撕成各种形状、各种大小等。

另外，还可以给孩子找一些撕不烂的书，例如布书、洗澡书等；纸板书、触摸书、手偶书等也不容易撕坏。

正规的布书，所用的材料安全可靠，不仅孩子撕不烂，而且可以放心给孩子咬，弄脏了还可以清洗。

纸板书每页都用硬纸板做成，比较结实，不仅不易撕烂，而且便于孩子翻页。另外，其是圆角设计，能极大地避免被纸张划伤的危险。

手偶书，有的是与布书结合，有的是与纸板书结合，也不易撕坏，并且还容易吸引孩子。

触摸书一般也是纸板书，并且上面有不同的仿真触摸材料，可以让孩子用手触摸。

洗澡书，不仅撕不烂，而且可以放在水里，在挤压的时候还会发出响声。

洞洞书，多数也是纸板书，中间打了洞，有的还是不同形状的洞。

玩具书，有更多互动的设计。

以上这些书，不仅不易撕坏，而且比较吸引孩子，能够让孩子感受到书和阅读带来的乐趣。

大家可以看到，如今的儿童读物跟以前比有了非常大的发展，远远不是那种只有文字或带些图片的书了。

实际上，除了上面这些，还可以找到更多类型的低幼读物。

早期阅读，最开始的时候，孩子对书和阅读没有任何概念，所以父母需要给予必要的引导，帮助他们建立书和阅读的概念。

父母可以拿着书边看边读，一方面让孩子听到有趣的、有吸引力的声音；另一方面让孩子看到父母如何拿书、如何翻页，甚至如何读。

经过多次示范之后，孩子慢慢就会了解书和阅读是什么，有什么用等。再次强调，这个过程不是示范一两次孩子就能学会的，而是需要多次地、反复地示范和引导。

如果书被撕了，首先要做的就是保持冷静，千万不要责骂孩子。可以当着孩子的面去修补，或者和孩子一起去修补。平静地告诉孩子书撕烂了，就没办法读了；或者用拟人的说法告诉孩子，这样撕书，书会很疼等。

也可以拿一些区别于书的纸张，例如抽纸，跟孩子说，如果想撕纸的话，可以撕这样的纸啊。同时，拿着书边翻看边对孩子说："这是书，是用来看的，可以这样一页一页翻。"

平时在读书的时候，也可以让孩子参与翻页，特别是纸板书，便于孩子翻页；即便不是厚的纸板书，父母也可以只翻开一点，然后让孩子帮忙继续翻开。

当然，如果孩子年龄比较大，或者之前已经对书和阅读有了概念，出现撕书、扔书等行为，那可能就跟阅读本身没有什么关系了。也许他们只是通过这种方式表达不满、对抗，发泄一些情绪。这个时候，更应当关注孩子的情绪感受。

早期阅读，孩子咬书、撕书、扔书、抢书，都是正常的。千万不要因噎废食，不再给孩子书看，更不能责骂孩子，而要加以适当引导。否则，早期阅读很可能会失败。

前面我也说了，早期阅读如此重要，不可或缺！但由于对孩子的早期阅读了解不够，很多人错过了，甚至有的人错过了"大宝"，又错过了"二宝"。这是非常可惜的！也许会造成无法弥补的遗憾！希望大家不要有这种遗憾，使早期阅读都开展得更好！

7. 要在阅读时识字吗？

早期阅读，有个常见的问题，就是要不要在阅读的时候教孩子识字。

对于早期阅读来说，这个问题的答案很明确，不需要！原因有两个：一是干扰观察图画；二是影响阅读体验。

如果我们在阅读的时候去教孩子认字，无论是父母指着字读，还是让孩子自己读文字，都会让孩子把注意力放在文字上。这样必然干扰了孩子去观察书中的图画。

儿童，特别是学龄前的孩子，形象思维相对发达，甚至在婴儿期，他们就能够读懂人的表情。由于儿童身心发展的这个特点，导致他们特别偏好读图，也擅长读图。

图画也传达信息，对于图画书来说，如果仅看文字，甚至不能将这本书的内容读完整。因为图画书的内容是经由文字和图画这两种叙事媒介相互交织、共同传达的。图画书中的图不仅能够传达信息，而且还能吸引孩子去观察，孩子往往能发现一些成人没有看到的细节。

我们都知道经典图画书中的图都是插画家创作的艺术作品，孩子从小就看，看得多了、熏陶久了，自然会提高审美眼光。

另外，这些图画也能激发孩子的想象力。很多有意思的图画书，趣味就在图中，孩子看到这些有趣的图，会很放松、忍俊不禁，而这就给孩子带来了很好的阅读体验。

由此可见，干扰孩子看图，违背孩子认知规律，书籍信息读不全，观察、想象与审美无法得到锻炼，失去了图画带来的乐趣等，为了识字实在是损失了太多东西。

实际上，亲子阅读图画书，最好的方式就是孩子看图、父母读文字。

儿童阅读本来应该是一个轻松、愉悦的过程。并且，也只有这个过程是轻松、愉悦的，孩子才有可能喜欢上阅读。

如果在阅读的时候，教孩子识字，那么你就会发现这个过程会变得枯燥、乏味、费劲。

几乎没有任何一个孩子会觉得这个过程是轻松、愉悦的，他们更不可能从中体验到阅读的乐趣。

如果孩子不能体验到阅读带来的乐趣，甚至总是感到阅读带来的无趣、乏味和痛苦，那孩子肯定不会对阅读产生兴趣的。

如果一个孩子没有阅读兴趣，可以说阅读培养就是失败的，因为对于儿童阅读来说，兴趣是基础，是第一位的！没有阅读兴趣，就难以持续大量阅读，也就很难提高阅读力和写作力。

那么，为什么有这么多父母会在阅读的时候，教孩子去识字呢？这和父母对儿童读物、早期阅读，以及阅读价值的认识，还有识字观念都有关系。

相比较这代父母小时候，如今的儿童读物，已经发生了翻天覆地的变化，不仅数量巨大，而且种类繁多。而现在不少父母对现代儿童读物的认识不足，甚至还停留在他们小时候。现在的儿童读物，早已不再是只有文字，或者带些插图的书了，除了漫画书、翻翻书、洞洞书、立体书等，还有图画书，并且图画书已经成了儿童读物的主体。

由于这一代父母小时候没有读过真正的图画书，并且图画书在中国推广得较快，很多父母还没有来得及去深入了解，对图画书的认识往往停留在表面。没有理解图画书中的图并不是可有可无的，也没有认识到图画书中的图是传达信息的，是具有艺术审美价值的。所以，往往就忽略了图画，而一心想让孩子去识字。

以前不少人认为早期阅读就是识字，现在虽然持这种观点的人越来越少了，但仍然存在。事实上，早期阅读不仅不是识字，甚至可以不识字，也能阅读。例如，孩子只看图就能够读懂大意，最典型的例子就是阅读无字书。

另外，这里还要特别指出，阅读并不等于把字都认出来，字都能够认出来，也并不是阅读。

阅读最关键的是要通过这些文字符号构建意义。

字都认出来了，但不明白表达的是什么意思，仍然不是真正的阅读。有的父母看到孩子一个字一个字地读出来，以为孩子能够自己读书了，甚至有的老师还提出表扬。但其实是不恰当的，除了上面已经说到的干扰孩子读图、影响阅读体验，这可能根本都不是真正的阅读。

对于早期阅读来说，最重要的就是阅读兴趣。这一点很多人都不是太明确，或者经常忽视了。早期阅读最重要的价值，实际上是促进亲子关系。从阅读本身的角度，最重要的才是阅读兴趣培养。其次还可以促进孩子认知、语言发展，也给予孩子精神的滋养。如果把早期阅读变成识字，那就忽略了阅读太多更重要的价值了。

还有一个深层次的原因，就是识字的观念，在潜移默化中影响着父母。

自有文字出现以来的千百年里，只是少数人才能识字。到中华人民共和国成立之初，识字的人也不多，"识文断字"被视为一种有学问的象征。而今天，中国的基础教育早已解决了识字问题，所有接受过基础教育的孩子，都可以识字，而且识字量差异不大。

但很多人仍然被千百年遗留的传统观念影响着，总想着让孩子多认字、早认字，甚至以孩子很早就认识很多字为荣。近几年，还有电视节目去宣扬这种很早认识很多字的孩子，甚至称他们为"神童"，这又加强了传统识字观的影响。

早期阅读给孩子带来的价值是超乎我们想象的，除了培养孩子阅读兴趣，促进阅读、认知和语言发展，还能够给予孩子精神的滋养等，更为重要的是能够通过亲子阅读让孩子及父母都获得精神的享受，享受亲子时光、增进亲子感情。

实际上，只要我们享受这个亲子阅读的过程，即便不把关注点放在识字上，孩子也可以识字。但如果把关注点放在了识字上，通过以上的分析，显然是捡了芝麻丢了西瓜，得不偿失。

8. 如何让孩子看好书?

我们要把孩子的阅读培养得更好，选择品质好的书至关重要。

如果孩子每天吃的食物是卫生、健康、营养、美味的，显然要比经常吃垃圾食品更可能让身体发育得好一些。书籍是精神的食粮。因此，读书也是一样。经常读品质好的书，无论对孩子的阅读品质，还是精神成长等都更有助益。

而我这些年发现孩子读的书品质不够好，是普遍存在的一个现象。

一种情况是没怎么关注书的品质问题；另一种情况是关注到了，却不知道选择哪些书；更值得我们注意的是，即便选到了一些好书，但孩子却不愿意去看。这是一个很普遍的问题。那么，如何才能让孩子看这些品质更好的书呢?

我们从现状开始说起，先看下孩子看书的情况。

目前，仍有一些孩子不怎么喜欢看书，他们还没有养成阅读的习惯；这部分孩子最重要的还不在于书有多好，而在于先读起来。

大部分孩子都是有阅读习惯的，也经常看书，不过阅读面比较狭窄，而且特别"挑"书。另外，这些书的品质也不够好，缺少一流的经典读物。

还有一部分孩子阅读兴趣浓厚，很喜欢看书，阅读量很大，他们也愿意尝试各种读物，对书不怎么挑剔。非常可惜的是，这些爱阅读不挑书的孩子竟然也没能读到更多的好书。这完全是成人没有尽到责任，没有提供应有的帮助，实在太不应该!

再来看看家长对待孩子看书的态度和做法。

现在除少数由于应试或者自身某种观念影响的家长外，绝大部分家长都认同并支持孩子去阅读。

但主要存在两个方面的不足：

一是做得不够。对孩子阅读只提要求，但支持、引导不够，例如只让孩子看好书，却没有给孩子提供好书，或者只去把好书找来，不讲究方法，简单粗暴地要求孩子去看。

二是做得不当。主要是书选得不合适，例如不适合孩子年龄、阅读能力、阅读偏好，或者书的版本不好等。让孩子去看这些书的方式也不得当，导致孩子不愿看，甚至比较反感。

为了让孩子看好书，目前的做法都是，想办法去找好书，到网上找书单，让老师、朋友、阅读推广人去推荐，主要精力都花在了"找"上。找到之后，以为就大功告成了。

当把这些付出了努力、耗费了精力寻得的好书拿回家，满心期望孩子如获至宝、如饥似渴地去读。不承想，孩子根本没什么兴致，甚至看都不看一眼，就说不好看、不喜欢。宁愿再把以前看过的书再看一遍，也不去摸这些寻回来的所谓的好书。

我们在生气、责怪孩子之余，也许还可以想想为什么那些好书孩子不愿意看。

第一，家长找来的这些所谓的好书，真的适合孩子吗？

例如，名著确实品质一流，但很多都是成人名著，并不适合孩子；有的书对于孩子当前的阅读水平来说太难了，读起来很费劲；有的书不符合孩子阅读的偏好，例如，孩子喜欢科普读物，却给孩子找来文学读物；孩子喜欢幽默故事，却给孩子找来历史读物。

　　第二，给孩子推荐书的时机恰当吗?

　　例如，孩子正痴迷于他在看的系列书，这个时候给他推荐其他的书，成功的可能性显然很小。另外，当孩子没心情读书时，家长非要孩子去看自己推荐的书，很可能也会遭遇挫败。

　　第三，历史遗留问题。

　　也许最开始，我们给孩子推荐书，他们还满怀期待，但拿到手里一看，竟都是自己不感兴趣的书，然后我们还告诉孩子这些是好书，对学习有帮助等。几次下来，孩子就明白了，原来成人嘴里说的那些好书，都不是自己想看的那类书，而只是父母想让自己看的那类书。所以，以后家长再去推荐好书，孩子本能反应就认为不好看;性格温顺的孩子，还拿去瞅两眼，个性强的孩子连看都不看一眼，就说书不好看、不想看。

　　试想，我们之前给孩子推荐的书，如果每次都是孩子感兴趣的书，那么孩子八成不但不会拒绝，反而会求着我们再去推荐呢!

　　从这里可以看出，有一个关键点，几乎被所有的人忽略了，找到好书只是第一步，只是一个前提，怎么能够引导、吸引孩子看这些好书，是更需要花费心思的。

　　常常遇到家长问我找好书，但几乎就没有人问我怎么引导孩子去看这些好书。其实，相对于找好书，引导孩子看好书，是更需要关注、更需要花费时间去做的事情……

　　找到真正适合孩子的好书，只是第一步，但这并不代表找到好书，然后交给孩子，他们就会看。还需要去引导，而引导才是让孩子看好书的关键一步，缺少这一步或者没做好这一步，哪怕好书找来了，孩子也不一定会看，除非是那些很爱看书又不挑书的孩子。目前，我们很少有人把着眼点放在引导这一步上，很多人根本忽略了这一点，压根儿没有意识到还有这一步，还需要这一步。

很多家长苦恼于给孩子推荐好书，孩子大多都不愿意看，其中关键的原因就是没有把心思用到引导上。

除没有意识到引导是不可或缺的一步，并且也是需要着力下功夫的一步之外，对"在阅读上要尊重孩子"这句话，可能也理解得不够全面。

我们说，在孩子阅读上，要尊重孩子的选择、偏好、方式等，对于孩子看的书尽可能不要去干涉，但这并不是说，对孩子不管不问，其实给予孩子适当引导，可以说是尊重的另外一个方面；因为引导意味着对孩子负责和必要的支持。

上面说了这么多，其实都是在反复强调，引导的作用是非常重要且必要的，让孩子看好书，就需要做好引导。也就是说，孩子看不看，基本取决于引导的好与坏。

那么，引导有哪些具体的方式呢？

第一种方式，是自己把找到的好书先看一遍。既然是好书，总有一些有意思的、有趣的、精彩的内容，或者读了有感触的东西，找一些出来，在适当的时候，例如在跟孩子散步时或比较和谐的亲子时间，跟孩子聊一聊，最好能够找有趣的、能够吸引人的内容，或者孩子可能感兴趣的方面。

这里要注意，把它当作自己遇到了好东西，去跟最亲近的人分享；闲聊就好，不要说教，不要奔着让孩子看这本书的目的去；如果太刻意，孩子一下就明白，只不过是换种方式让自己去看书。

如果真的保持分享的心态，自己也不会有压力，谈话氛围会更加轻松、和谐。

这个方法成功与否的关键，就在于谈话的氛围，越轻松融洽，成功率越高。

第一种方式，对家长要求最高，因为需要把书读一遍。

而第二种方式相对容易一些，只需要读给孩子听就可以。从头开始读或者从中间精彩有趣的部分读都可以。反正最好选择一个能够抓住孩子好奇心的部分开始。

在引人入胜的关键点，可以借故停下来，书放着，离开去处理不得不停下来要去做的事。只要孩子有相应的阅读能力，没准会自己拿起来看。即便不奏效，实在无法离开，还是可以满足孩子继续读下去。下次再找机会。这样孩子总会有被引诱上钩、自己拿起书去读的时候。书果真精彩，年龄较大、阅读能力较强的孩子，十之八九会迫不及待自己去读，因为家长朗读的速度远不及孩子阅读的速度，孩子自己看更过瘾。当然，如果孩子实在不看也没关系，继续读就是，毕竟亲子阅读非常重要，而且孩子长大以后，家长想给孩子读，孩子都不愿意了。

这里的关键点在于事先找好书，找好从哪里开始读；以亲子阅读的心态，而不是奔着"让孩子自己看"的目的去读。

第三种方式非常容易做，就是找到了真正适合的好书，不告诉孩子，而是直接放在家里。放在一个比较容易看到的地方，最好是容易拿到的地方。

孩子很容易发现家里的新东西，即便我们不说，他们也会看到。如果跟孩子说，他们反倒没有了发现的乐趣。

如果直接推荐给孩子，孩子和家长都可能有压力。孩子自己发现的，就不会有"看还是不看"的选择压力。

对于个性很强的孩子，或者之前直接推荐比较排斥的话，可以考虑这种方式。

这里的关键点是，书要符合孩子偏好。另外，家长要忍住不说，选择一个恰当的地方；还有就是孩子平时有比较好的阅读习惯。

第四种方式是示弱。

举个例子，有一次我遇到一本特别好的书，就带回家，希望孩子可以看。但拿回去放在显眼的地方，好几天了，孩子也不看；其间我甚至还跟孩子妈妈说这本书有多好，同时获得了几个奖项，故意让孩子也能够听到，可孩子还是不看。我又试图把书换了地方，以便增加在孩子面前的曝光率，但孩子就是不去看。

有一天晚上，我拿起那本书读了一会儿，孩子可能也没什么事，走过来看我在看什么书，我就把封面给孩子看，同时说，这本书看了半天不知道到底是什么风格的。

孩子边把书拿过去，边说："我来看看。"这一看，就看了一晚上，一口气读完了。

有时候，拿着书，向孩子请教，与孩子探讨，也可以把他们带进好书中去。

第五种方式是同伴影响。

同学、好友对孩子看什么书，影响很大。

因此，不妨找孩子同伴在的时候，特别是那些爱看书的孩子，问问他们有哪些比较好看的书。如果有条件，还可以组织读书分享活动，注意活动的形式要轻松有趣，对孩子有吸引力。因此，组织活动对家长的要求比较高。但只要多考虑孩子，让活动形式尽可能有趣一些，几次之后就能够熟能生巧了。

以上一些引导的方式，算是抛砖引玉。

　　只要我们能够意识到引导这一步，多在引导这一步上费一些心思，一定会找到更多的方法，而且是适合自己和孩子的方法。

　　还要强调的是，无论哪种引导方法，都不是"魔法"，只要一用就灵。这些方法都只是一种尝试，如果引导成功，当然非常好；如果不成功，继续找别的方法，或者再另外找时机。没准是时机不对，或者思考一下自己的方法是否在使用的时候，哪里不太恰当，比如心态、情绪、沟通时的语气等。

　　还有一点也很重要，这里也有必要说一下。

　　这几年也会发现，在选书上，家长会给孩子"贴标签"。

　　例如，选了几次"国际大奖小说"的书，孩子不看，然后就说，这个系列我们家孩子不喜欢。

　　再如，一些图画比较暗或者是色彩比较少的书，选了几次给孩子，孩子不喜欢看，就说我家孩子不喜欢颜色暗的书，只喜欢颜色鲜艳的书。

　　孩子不看的原因有很多，不一定就与书本身有关。如果给孩子贴上"这样的书不喜欢""那种书不看"这种标签，就会给自己设限，会减少孩子与更多好书接触的机会。

　　即便孩子当时就是因为书本身的因素不看，那也不代表孩子以后不喜欢那样的书。

　　所以，不要贴标签，不要形成刻板的印象。

　　最后，我想说，是否能成功引导孩子看好书，跟书是否适合孩子，是否符合孩子阅读偏好，是否考虑到孩子当时的状况和需求都有很大关系。

　　同时，亲子关系也有着不可忽视的影响。如果亲子关系不好，即便书适合，引导的方式也没错，那么也会很困难；相反，如果亲子关系很好，引导就会相对容易得多，成功的概率也会大得多。

我们都知道要促进阅读发展，就得多读书；而如果所读的书品质更好，显然会更好地促进孩子阅读的进一步发展。

当然，这里有必要再提醒一句，虽然如此，但孩子偶尔看看自己喜欢的、品质没那么好的书，千万不要焦虑，更不要去阻止。甚至孩子一直看这样的书，又没有很好的方法去引导的话，那也不要着急上火去制止，更不要强迫看那些好书。因为这样做，就忽视了儿童阅读的特点，还不如不去做，儿童阅读培养，跟教育孩子一样，做错了，还不如不去做。

9. 如何正确使用书单？

经常会有一些人拿着书单找书，一到寒暑假，书单就呈爆发态势，几乎人手一份，可以说是书单满天飞。

这些书单都是从哪里来的呢？线上为主，线下为辅。业内大咖、圈内大平台、人人称道的专家名师、自媒体，以及老师、家人、朋友都可能是书单的推荐者。

为什么会有这么多书单呢？因为恰好你需要。卖书的人看你需要，正好就把他们要卖的书放到书单里。有责任心的人则认为你需要给孩子找一些品质更好的书。

大部分书单都不太靠谱，有的里面的书太容易，有的又太难，适读的较少。品质一流的经典好书相对更少，要么是因为总想着把要卖的书放进书单，要么是对童书了解不够，那些经典的好书没有机会列进书单里。

更让家长为难的是，把20世纪的书单派发给家长，里面不少书早已绝版，很难买到。还有一种离谱的情况，就是书还没有上市销售就已经列到书单里了。不少人喜欢买新出版的书，但书和衣服不一样，经过时间沉淀下来的书更值得看。

还有一些所谓的"必读书单"，搞得挺吓人！其实没有任何必读书单，教育部也没有指定任何必读必考书。对儿童阅读来说，更是没有必读之书。

除了书单本身有问题，使用书单也有误区，主要表现在过于依赖或盲从于书单：认为书单上的书必须都得读；不是书单上的书，读不读无所谓，哪怕是同一个书系、同一个作者的书，只要不在书单上就不考虑。

产生这种误区的内在因素是对儿童读物和儿童阅读缺乏足够了解。当然，如果是老师派发下来的书单，再加上必读必考，家长多半是扛不住压力的，只能转嫁到孩子身上，让孩子"照单全读"。这是外在影响因素。

经过上面的分析，如何使用好书单就十分清楚了。

首先，得找个靠谱的书单。

其次，要正确看待书单。

书单上的书仅是一种参考，是一种可选项，而不是必选项，并且看哪本书孩子说了算，绝对不能够逼迫孩子。

如果老师规定了必须读哪本书，或者书单上确实有非常好的书希望孩子看，怎么办呢？方法只有一个，那就是引导。事实上，比起让孩子读哪本书，怎么引导孩子去读是更复杂、更困难、更值得关注的问题。具体如何引导孩子看好书，请参见"如何让孩子读好书"。

对制作和派发书单的人，特别想讲一句：书单要考虑孩子的整体情况，要难易适中，广泛多样；派发书单的时候不能够有强制的规定，可以自由选择书单里的书读，也可以读不在书单里的书。

儿童的阅读培养是一个渐进而长期的过程，功夫在平时，短期突击是无效的。假如平时不怎么看书，就算把假期书单上的书全读了，孩子的阅读也不会好。相反，平时的阅读有质有量，假期书单上的书一本也不看，孩子的阅读也会发展得很好。

对于书单，我们要理性看待，并正确使用，方能促进孩子阅读更好地发展。

10. 为什么看了很多书，阅读理解和作文还是不好？

不少家长都觉得自己孩子经常看书，看了很多书，但是发现阅读理解和作文还是不够好！这就导致他们对阅读产生了怀疑，认为阅读没什么作用，然后就急着让孩子去报阅读理解培训班、作文培训班，阅读时间被大大挤占，这样就陷入了一个恶性循环：越是没有时间看书，阅读理解和作文越是难以提升。

毫无疑问，阅读对于阅读理解和作文的提升都有帮助！但很多人对此的理解过于简单化，认为只要孩子看书，阅读理解就不会出错、作文就会写好，实际上，远没有这么简单。

首先，孩子看了很多书，这里的"很多"到底是多少？是每年 200 本书？还是 300 本书？或者只是 100 本左右？

已经自主阅读了几年？是三年？还是五年？或者只是一两年？

如前文所述，大量阅读是发展孩子读写能力必要和基本的方式，而这里的"大量"可能是超出多数人想象的，自主阅读只有两三年、每年读百十本书，虽然已经比较多，但还是不够的！阅读量大的孩子，每年能够读超过 200 本，甚至 300 本书，并且多年如此，到了小学高年级也不例外。

除了阅读量，孩子的阅读品质是另外一个影响因素。例如，孩子看了很多书，但多数都是轻松读物，或者多数时候都是消遣性阅读，显然阅读品质还有待提高。

既没有考虑到阅读品质，也没有真正达到"大量"阅读，只是感觉好像已经看了"很多"书，阅读本身可能都没有发展好，阅读理解和作文还不够好，就是再正常不过的了。

书面语言的发展，是一个漫长的过程，远不是两三年就能发展好的，特别是正式学习书面语言的头几年，还处在打"地基"的阶段，那些家长所期望的"成效"还不能很好地显现出来。

除此之外，阅读理解题的正确率有时候并不能反映出孩子的阅读能力，这还要看阅读理解题目的设置以及"答案"的评判标准。还有就是，阅读虽然有助于写作，但并不是说阅读好，写作就一定好。

常见误区

避开阅读培养的那些"坑"

1. 刻板印象。

经常听到有家长说：

我的孩子不喜欢看历史书；

我的孩子不喜欢看文学书；

我的孩子不喜欢看科普书；

我的孩子不看这样的书，不看那样的书……

这就是典型的刻板印象。这种刻板的印象会阻碍孩子阅读能力的发展，实在要不得。

为什么呢？我先从一次亲身经历说起：

有位四年级的孩子，他的妈妈觉得他看的书不够"好"，就让我推荐一些。于是，我就特别推荐了一套品质一流的儿童文学书籍。这套书有 90 多册，有各种不同的主题和风格，而且适读年龄段覆盖范围比较广，从二三年级到五六年级的孩子都可以读。虽然还有其他很多好书，但我想把这套书推荐给孩子，是比较靠谱的，因为选择面较广。

那位妈妈很高兴地选了几本回去，满怀期待……

过了一阵子，那位妈妈又在找书，并对我说："孩子不喜欢那套书。"看得出孩子妈妈满满的失望！

我仔细了解了一下情况，才搞明白，她借了一两次，给孩子看，孩子没有看，所以就武断地说孩子不喜欢看，然后就不再借那套书了。

这个例子，反映了家长在给孩子选书上存在刻板印象，就是孩子几次不看某类书，或者某本书，就说孩子不喜欢看这样的书。

其实并非如此！

首先，一个系列的书，特别像我刚才说的那套书，有不同风格、不同主题，并且适应不同年龄段阅读的书，从大概率上讲，孩子不太可能一本都不喜欢。

其次，就算是当时孩子不看某类书或者某本书，并非代表以后就不看，孩子"那一次"不看，可能有各种各样的影响因素，也许他就不想看那本书，也可能是他当时就不想看书，或者是有其他自己特别想看而又没有看完的书……

最后，有一个很容易被我们忽略的影响因素，就是我们是怎么"让"孩子看那本书的！如果我们的方式不当，孩子不看，就太正常了。比如，我们就简单跟孩子说，这本书品质很好、是某某老师推荐的、对写作文好等，凡是这种说教式的"推荐"，孩子不看太正常了（关于如何引导孩子看好书，实际上需要一些恰当的方法，请参考常见问题"如何让孩子读好书"）。

如果家长带着这样的刻板印象去给孩子选书，就会带来以下不利影响：

第一，会把孩子的阅读局限在越来越窄的范围内，选书越来越困难！最后好像孩子什么书都不喜欢看。

即便那些孩子不喜欢的书，也会随着孩子年龄的增长，或者某个契机也会喜欢，而刻板的印象则会阻断这种可能性。

第二，这种"贴标签"，很容易给孩子心理暗示，让孩子不去接触那些书，或者就不看那类书。

显然，这也不利于孩子的广泛阅读。

除在选书上给孩子"贴标签"，形成刻板印象外，例如，认为孩子只能在特定场所看书，不能在其他地方看书（如只愿意在家读，不愿意在其他阅读场所读，或者相反）；只会让家长读，自己就是不读；等等。

以上这些都是用静态的眼光，甚至是用一两次的表现来评定孩子的阅读行为，而孩子的阅读是不断发展的，今天不喜欢这本书，不代表明天不喜欢；今天不愿意在图书馆阅读，不代表明天不愿意在图书馆阅读；今天不愿意自己看，不代表明天不愿意自己看……

我们以发展的眼光去看待孩子的行为，就会有更多的机会，就会积极地想更多的办法去引导，这样，孩子的阅读就会发展得更好。

2. 孩子还小，看不了书或者不用这么早看书。

很多人没有在孩子很小的时候开展早期阅读，主要原因有两个：一是认为孩子太小，看不懂；二是认为孩子太小，不需要去让他们看书，甚至还会以为这时候开始阅读就是让他们学东西，会累着孩子。

那么，我们先来看"能不能"的问题。

认为孩子太小，不能看书，主要是因为对早期阅读不了解造成的。他们认为阅读是让孩子自己拿着书看文字，如果是这样，别说一岁不到的孩子，就算是三四岁，甚至是五六岁的孩子也不一定能行。这是用成人的阅读去理解早期阅读了，而实际上早期阅读与成人的阅读无论在形式上还是内容上都有很大的不同。

早期阅读更多的是父母读给孩子听，父母和孩子共读。孩子不需要看字，更不需要认字，甚至都不需要看书，只需要听父母读、讲或者听父母唱就可以了。有的人又会问，一岁还不到，孩子能听得懂吗？也许听不懂，但孩子出生后，所有的父母就开始对孩子说话了，没有一个父母是等到孩子能够听得懂才对他们说话吧？恰恰是不断地对孩子说话，他们才慢慢听得懂我们说话，慢慢地自己也学会了说话，如果我们因为开始听不懂就不跟他们说话，恐怕到几岁他们也听不懂，也说不了话。

早期阅读其实就是借助书籍这种工具、借助亲子阅读这种方式，让父母和孩子通过说话建立联结，进行心灵沟通。

如果我们理解了早期阅读的这个本质，或者说最重要的一点，那么"要不要"看的问题就迎刃而解了。

早期阅读并非学校里的知识学习，也不是成人为了功利目的的阅读，它只是亲子陪伴、亲子互动的一种方式，甚至也可以看作一种游戏，并不是提前让孩子学东西，也不会累着孩子。早期阅读，确实也可以在认知、语言、思维和观察力、专注力等方面促进孩子发展，但这些都是符合儿童身心发展规律的，并且在轻松有趣甚至是让孩子很享受的过程中进行的！

早期阅读并不是逼着孩子学东西，也绝不能把早期阅读弄成又苦又累的学习任务。并且，早期阅读只占了孩子生活中的很少时间，一岁前，每天三五分钟，甚至十分钟左右即可，即便到了 3 岁，每天半小时、一个小时也就够了。也就是说，孩子大部分时间是在活动、玩耍、游戏的。早期阅读虽然很重要，但绝不是，也不能占用孩子的大部分时间。

如果我们对早期阅读有正确、全面和深入的认识，就不会出现上面的这些误区了。

3. 孩子太小了，总撕书、扔书、咬书，看不了，书收起来不给看。

孩子撕书、扔书、咬书，实际上是早期阅读开始阶段比较常见的现象，非常正常。如前文所述，它主要跟孩子的身心发展特点和没有建立阅读的概念有关。随着孩子身心的发展和对阅读的了解，这些行为就会慢慢消失。

如果我们因为看到孩子撕书、扔书、咬书，就把书收起来，甚至还要责骂孩子的话，孩子不仅无法对书和阅读建立概念，早期阅读更是无法开展了，让孩子亲近书籍、亲近阅读，更是无从谈起！

关于如何应对，请参见"常见问题"中的"咬书撕书扔书怎么办？"。

4. 孩子学了拼音，只要找带拼音的书，孩子就能够自主阅读了。

很多父母给孩子买书或者借书，专找那些带拼音的书！这些孩子大多数是小学一年级，也有少数是二年级，甚至是学龄前的孩子。

为什么专门要找这些带拼音的书呢？

他们会这样回答：孩子拼音都学完了，选择带拼音的书，孩子就可以自己看了啊。不认识的字可以自己拼出来，语气中透露着某种笃定和自豪（特别是那些学龄前就提前学完拼音的孩子的家长），他们认为，通过带拼音的书，可以实现孩子的自主阅读，不用自己再读给孩子听，这似乎又让他们自豪了一把（其实只不过是，庆幸自己甩掉了给孩子读书这一"任务"）。

可以说，不少父母是将带拼音的书当作实现孩子自主阅读，甚至是爱上阅读的"法宝"了，然而，带拼音的书果真有此"神效"吗？

第一，带拼音的书并不能让孩子顺利阅读。北京师范大学的舒华教授曾有一篇研究论文指出，只有概念词容易、语境强的句子，以及语文能力强的孩子，拼音才会起到一定作用，否则有无拼音影响不大。

第二，带拼音的书并不符合阅读的规律。阅读应当是通过文本（文字、图片等）获取意义的过程。这个过程不仅是自下而上解码文字的过程，也是自上而下通过联想、猜测等策略主动构建意义的过程。也就是说，阅读并不是将每个字都认出来；即便认出每一个字，但如果不理解这些文字表达的意义，显然不是阅读，充其量只能叫作认字！不少父母以为自己的孩子认识了很多字就可以独立阅读了，于是在孩子还没有准备好的时候，家长就过早地要求孩子进行所谓的独立阅读。这些孩子并不能真正独立阅读，他们只不过是费劲地把每一个字读出来而已，这种现象尤其是在有的父母给孩子集中认字（如有的识字班一学期所谓认识 2000 个汉字）后更为明显。

这个过程也应当是一个连贯的过程！阅读的过程应当是一个信息不断流动的过程，一旦中断，势必影响其前后联系，影响对意义的理解。若孩子遇到不认识的字就停下来拼拼音，这个流畅的过程显然会不断被阻断，字是拼出来了，却很可能不知道是什么意思（参见舒华教授的研究），前后的信息流难以衔接上……

　　第三，带拼音的书并不符合儿童阅读的特点。儿童阅读如果不能让孩子感受到阅读带来的乐趣，而是让他们不断遇到困难、不断感到挫败，那绝不可能让他们长久地读下去。若是父母不理解，用一些诸如"要有耐性""坚持不懈"等教化的说法逼迫孩子去读，那么必然带来两种结果：要么孩子当时就逆反，不读了；要么孩子当时压抑着，但越来越不喜欢看书了！

　　第四，指望让孩子自主阅读带拼音的书不符合儿童阅读发展的规律。不少父母在孩子学会了拼音后，就迫不及待地中断亲子阅读，称这种做法是为了培养孩子的独立自主能力。貌似很有道理、"无懈可击"，但其实是忽略了儿童阅读发展的规律，即儿童阅读能力的培养是一个长期而缓慢的过程，绝非短时间就可以完成的，更不是到了哪个年龄或者用哪种书（无论是带拼音的书，还是其他的书）一下子就可以培养起孩子很好的阅读能力了！无论指望用哪种书或者哪种方法一下就可以让孩子喜欢阅读、独立阅读，其实都是一种急功近利的心态。对儿童阅读的培养，欲速则不达，这是最基本的准则！

　　那么，带拼音的书是不是就不能读？当然不是！只是要清楚以下两点：

　　第一，现在有更适合学龄前和小学低年级阅读的书，例如图画书、桥梁书、漫画书等（很多人对图画书、桥梁书、漫画书并不了解，甚至没有怎么听说过，也难怪将"带拼音的书"当作法宝……）。

　　第二，我们不能把带拼音的书当作一个"法宝"，然后用这个法宝让孩子自主阅读，甚至喜欢阅读。

5. 孩子认识很多字了，就可以阅读了。

　　这是一个比较常见的误区，导致这个误区产生的根本原因是把阅读简化为文字解码的过程。实际上，这只是阅读的一部分，还有更为复杂的部分，却被完全忽略掉了，那就是构建意义！也就是说，把书上的每个字都认出来，并不一定能阅读，比如前面列举的一段文字：

道可道，非常道；名可名，非常名。无名，天地之始，有名，万物之母。故常无欲，以观其妙，常有欲，以观其徼。此两者，同出而异名，同谓之玄，玄之又玄，众妙之门。

解码这些文字的同时，我们还要结合自己的经验，通过大脑的思考运用一定的阅读策略才能构建出意义来。

在现实生活中，我们也发现，有的孩子在家里或者课外培训班集中学习认字，很多字都能见到字形读出字音来，但让他们阅读的时候，就会发现，根本读不了，他们要么是一个字一个字地蹦出来，不会断字断句；要么就是读完之后根本不知道文字在表达什么，也就是说，认识了很多字，虽然能够"读"出来，由于不知道"意思是什么"，依然还是不会阅读。

因此，千万不要以为孩子认识字了，就可以阅读了，其实除了能力方面的原因，还有意愿上的原因，也就是说，即便他们能够阅读，但不一定去阅读！现在的成人基本都认识字，但他们会阅读吗？

所以，千万不要指望孩子认识字后，就能够阅读。（破除这种误区，也会让我们避免把过多精力和关注点放在教孩子识字上。）

一方面，孩子识字了，不一定能够阅读；另一方面，不识字，也能够阅读，孩子可以通过读图构建意义，无字书就是最典型的例子。

其实，孩子在很小的时候，就可以阅读了，即便那时候他们还不认识字。你会发现孩子拿起一本书，看着图画，然后嘴里能够说很多话，虽然这些话可能跟我们看到的不一样，但这确实是孩子自己的理解，是他们的阅读。

儿童的阅读发展是一个长期而渐进的过程，绝不是认识字就能够阅读了。因此，我们还要着眼于对儿童阅读培养更核心的任务及目标上，即我们前面所说的"阅读兴趣""阅读量""阅读品质"和"阅读策略"。

6. 用音频代替亲子阅读。

现在很多孩子的时间都是交由机械的声音来陪伴的。

线上的音频故事可以说不计其数，在各大平台和公众号，都可以找到很多付费的或免费的音频故事。还有专门讲故事的故事机，里面存储了上千个故事，有的"陪伴机器人"也有讲故事的功能，只要说一声"想听故事"就可以放。

还有一种阅读器，加上了识别系统，通过摄像头就可以读一些绘本。

也有把一些绘本做成电子书的，孩子可以通过屏幕翻页，控制读的速度，甚至会加入互动和声效。

总之，孩子很容易就可以获取这些音频故事，只要有时间，一直听下去也听不完。

而实际上，我们也会看到，非常多的孩子都在听这些音频故事，不然也不会出来那么多音频故事和讲故事的设备。

有相当一部分孩子，很少或几乎没有多少亲子阅读。

那么，有些父母为什么总是喜欢把孩子交给那些机器，让他们听音频故事，而不是和孩子一起亲子阅读呢？

常见的理由主要包括太忙，没有时间；跟孩子读书太累；自己发音不标准，读得不专业；等等。

其实，刚才说的这些都只是一种借口，虽然很多人不愿意承认。再忙的人，一天三顿饭都要吃，如果真正足够重视亲子阅读，把亲子阅读当作一种像每天吃饭一样必须要做的事，恐怕都会有时间。并且，亲子阅读并不一定非要很长时间，如果时间真的很有限，那每天讲一本绘本，或者一个短故事，10分钟甚至5分钟就够了。"忙"实际上是最容易用，也是最好用的借口。

跟孩子一起读书，确实费神费力，有时候会读得口干舌燥，甚至是嗓子"冒烟"，说不出话来。但其实如果我们把亲子阅读看作孩子给父母的一次再读童书、享受亲子美好时光的机会，那么，累，也是"累并快乐着"，至少就不会总觉得是孩子给我们的一个任务或者负担。

有的父母，可能由于普通话不够标准，怕影响了孩子；或者觉得自己读得没有专业人士好，就去找那些音频故事替代自己给孩子讲故事。但其实，对于亲子阅读来说，最重要的并不是普通话是否标准，朗读是否专业，而是亲子陪伴和交流。在亲子阅读这件事上，父母是最适合的、最好的，没有任何人、任何机器比得上，谁也无法替代。

可以说，音频替代亲子阅读，只有一个深层次的原因，就是对亲子阅读的认识不够。

下面我们来看看亲子阅读对孩子和父母意味着什么。

首先，亲子阅读不仅只是一个故事，从亲子阅读中还可以促进孩子认知、语言、审美、观察、想象、思维、专注力等方面的发展……

其次，亲子阅读是培养孩子早期阅读最有效、最基本的方式，通过亲子阅读可以很好地培养孩子的阅读兴趣，促进孩子的阅读发展。

不仅如此，亲子阅读更为重要的还在于亲子关系方面，它能够让亲子间进行互动，是一种高品质的陪伴，也是非常愉悦和享受的亲子时光，能够进一步加深亲子情感等。

尤其值得注意的是，通过亲子阅读，父母能够有机会去读一些小时候没有读过的童书，可以重新找回童年的自己。最后，可以体验童年的乐趣，同时也让父母自我成长。使父母和孩子有共情能力。

总之，亲子阅读无论对孩子还是父母都有太多的价值和意义。绝不像有些人认为的那样，只是读个故事，没什么价值和意义。它更不是一种任务和负担。

可以说，如果没有亲子阅读，无论是对于孩子还是父母，都是人生的一大缺失。

而让孩子听书，还会存在一些负面影响，我们姑且把它称为"听书之罪"。下面我们来看看有哪些罪状。

第一个"罪状"是剥夺了亲子阅读的机会。上面我们已经说了亲子阅读有非常大的价值和意义，只让孩子听书，就把这种意义非凡的亲子阅读机会剥夺掉。这造成的损失极大，也无法弥补。

说是"剥夺"，其实却是父母主动放弃的。

父母在放弃的时候，却不曾想，这种机会其实以后是非常难得的，甚至不可能再有！孩子到小学高年级后，父母很可能就没有这个机会了，等上了初高中，甚至大学以后，孩子能够和父母多待一会儿、多说几句话，对有的父母来说可能都是一种奢望……

第二个"罪状"是，听书难以培养出孩子的阅读兴趣。

之前遇到不少家长问，为什么孩子那么喜欢听故事，但让自己去读书，就不干了呢？

仔细了解后才知道，原来"听故事"只是听音频故事，父母很少跟孩子亲子阅读。

试想，听音频故事的时候，孩子没有看到父母读书的样子，看不到父母如何翻页、如何通过眼睛扫过一排排文字，再如何把文字转化成口语，他怎么学会读书呢？由于听书多半是没有书在眼前的，怎么能把听故事的体验与书联结起来呢？听书只能让孩子将故事与手机或者其他电子产品联系在一起。

所以，认为听书可以培养孩子的阅读兴趣，很可能会大失所望……

第三个"罪状"是，如果听的是绘本故事，那么不仅让孩子失去绘本图画的艺术熏陶，而且也无法将这个绘本故事听完整！

绘本的定价相对比较高（其实不高，看看其他国家和地区绘本的定价就知道了），有的家长以为让孩子听了那些绘本故事，就跟看了那些绘本差不多。

然而，绘本是一种全新的图书种类，不仅文字在叙事、传达信息，图画也在叙事、传达信息，而且这两者会相互融合、相互交织！听书仅仅是听到了文字传达的信息而已，图画的信息、图文融合产生的信息，完全丢失了，因此，根本不可能听到一个完整的绘本故事。

另外，绘本中的图，不仅具有叙事性，还具有艺术性，经典绘本中的图画大多是插画家或艺术家创作，这些图能够很好地培养孩子的审美能力，给孩子以艺术的熏陶！

显然这些通过"听书"都难以实现。

第四个"罪状"是，听书不利于促进孩子的语言发展，特别是低龄孩子尤为如此。

我曾遇到一位妈妈，在孩子两岁多的时候，发现孩子口语发展明显迟缓很多，到医院检查，医生让她多读故事给孩子听。而这位妈妈之前一直给孩子听音频，自己跟孩子交流较少。

语言专家早已在多个研究中证实了孩子口语的发展依赖于活生生的人，需要互动，这是各种音频做不到的。

有研究结果表明，让孩子看视频中的人说话，会减少婴儿对词汇的理解。

在一项研究中，人们通过放音频或者视频给婴儿听或看，然后再用脑磁图显示机记录婴儿的大脑反应。研究结果表明，听音频没有任何学习效果，看视频也没有任何学习效果。

科技的进步给我们带来各种新的东西，如何利用好这些东西，而不是被这些东西耽误，在科技日新月异发展的今天，尤其值得我们注意；否则不仅不会给我们带来帮助，反而会给我们带来意想不到的损害。

上面说了这么多，并不是想说不能听这些音频故事，因为听书对孩子也有好处，例如孩子通过听书，可以满足听故事的需求等。

这里只是说，听书是万万不能替代亲子阅读的，在今天亲子阅读还远远没有做到足够好，甚至可以说还不好的情况下，尤其需要强调这一点。

7. 打卡完成，孩子阅读就培养好了。

现在，可以说每个家长都要帮孩子打卡，而且是各种打卡，除了做作业打卡、锻炼打卡，甚至还有做家务打卡、起床打卡等。几乎要求孩子做的每一件事都要打卡，简直是无卡不打。

如此多的打卡，时间一长，必然会给孩子和家长带来或多或少的困扰。

不知道阅读打卡是从什么时候开始的，也许自从有了打卡，阅读打卡就出现了。现在是一波又一波，特别是在每年"世界读书日"前后，以及小学、幼儿园开学前后，微信朋友圈里的打卡行为更是铺天盖地。

这些打卡，有的是学校老师要求的，有的是社会机构发起的，当然少数也有是家长自发的。

他们大概都是想通过打卡让孩子每天坚持阅读，从而建立阅读习惯。

那么，通过这种打卡的方式去培养孩子阅读，有没有用呢?

可以明确地说，几乎没有作用。

下面我就来具体分析一下:

"坚持 21 天养成习惯"，大概是认为打卡可以形成阅读习惯背后的"理论基础"了。

"坚持 21 天养成习惯"并不太靠谱。

如果是一件痛苦的事，极少能从做这件事中获得乐趣，那么就算坚持 210 天，也不会形成习惯，除非是这件事不得不去做，如果不去做会有另外可能的痛苦。否则，人们会尽可能避免去做这种给我们带来痛苦的事。

驱使人行动的最大的两种力量:一是避免痛苦;二是获取快乐。所以，做一件事，痛苦多、快乐少，一旦撤销外力，是不太可能持续下去的，这是人的本性。

对于儿童来说，更不能借用外力驱使他们去阅读，否则很难培养出孩子的阅读兴趣！

对儿童的阅读培养，最重要的是激发孩子内在的驱动力，也就是对于阅读本身的热爱。而要做到这一点，则需要孩子体会到书籍给他们带来的乐趣，阅读给他们带来的愉悦。

"打卡"，往往让我们忽略了儿童阅读中很多重要的方面。首先是阅读的过程。例如，给孩子的书是不是适龄，是不是孩子喜欢的？阅读的方式是不是孩子乐于接受的？

如果孩子阅读的过程是被动的、被迫的，甚至是痛苦的，那打卡越多，越会让孩子对阅读不感兴趣。

幼儿园的孩子、小学低年级的孩子，几乎都在"打卡"，但最后真正养成良好阅读习惯的，却只是很少一部分。事实很好地说明了，打卡并不能让孩子建立阅读习惯。

我只要随便翻翻朋友圈，看看那些打卡的孩子读的是什么书，就知道对阅读品质的忽略有多么明显。这些书品质太差了。

或许有的人不觉得，以为都是书，没什么差别。但其实差别太大了。

我们对孩子吃的东西总是精挑细选，讲究卫生营养美味，至少也会尽可能少吃零食、避免垃圾食品、不吃有毒食物。

书籍是精神食粮，那些劣质的书就像零食、垃圾食品，甚至是有毒食品。孩子看这些书怎么可能会有好的阅读品质？这不仅无法给予孩子精神的滋养，而且时间长了，还会影响孩子的阅读品位。

因此，我们需要正确认识打卡这件事，打卡只不过是一种手段，这种手段如果使用得当，当然不会造成负面影响。例如，如果平时就一直阅读，自愿发个朋友圈、打个卡，作为一种记录也未尝不可，甚至还有积极意义。

目前，这种打卡太过于形式化，忽略了原本的目的。常见于学校，老师经常会布置任务。但不少孩子阅读兴趣良好，平时也经常读书，实际上没有必要一定按照老师要求的形式去打卡。

我们都知道阅读是非常个性化的事，每个孩子的阅读情况也不尽相同，应当尊重每个孩子不同的情况。

更重要的是，小学阶段对儿童阅读培养的核心目标，是阅读兴趣培养。因此，凡是影响孩子阅读兴趣的事情，都要尽一切可能避免。

还有社会机构发起的阅读打卡活动，虽然我们不能排除利用这种手段帮助孩子养成阅读习惯，但更多是为了机构的宣传，对此，家长应该有清楚的认知。

通过上面的分析，我们现在应该明确，虽然不能说阅读打卡毫无用处，但至少可以说，在培养孩子阅读方面，仅靠打卡远远不够。也就是说，还应当寻找其他更有效的方式。

千万不能误以为每天打卡，打卡完成了，孩子的阅读就培养好了。

打卡本身对阅读培养不存在负面影响，但就怕我们把关注点和着力点放在打卡上，而忽略了培养儿童阅读更为关键的方面，如儿童阅读的特点和发展规律，如何去引导，如何给予他们支持和帮助等，那后果多半是卡打得很好，孩子阅读却没有培养好。

因此，对于儿童的阅读培养来说，打卡不重要，重要的是把精力放在培养儿童阅读最关键的方面，并尽可能做好。

当然了，最后还要明确补充一句，这里也并非一味地反对打卡。

希望大家能够把关注点放在培养儿童阅读最关键的方面，这样才能把孩子的阅读培养好。

8. 绘本字太少，还贵，看字多的书就好了。

虽然现在越来越多的父母已经把绘本作为儿童早期阅读的主要读物，但仍然还有相当一部分人认为绘本字少、价格又贵，只给孩子买一些童话故事书或者"睡前故事书"看，这让孩子失去了非常重要的一类图书，而这类图书又是最适合他们的，最能促进他们各方面发展。

绘本是一种全新的图书门类。之所以文字量较少，是因为它是图文结合的艺术，不仅是文字在表达，图画也在表达，而且两者是相互融合的。文字和图画在传情达意上各有优势，绘本中很多信息都是通过图画来表达的，所以文字比较少，但能够产生的意义却并不少。

绘本之所以最适合孩子，其中很重要的一点就是，孩子"读图"的能力远超出"读字"的能力，孩子很擅长"读图"，甚至在某方面超出成人。因此，他们很早就能够通过看图去构建意义。成人给孩子读绘本上的文字，就能帮助孩子把图、文两种媒介产生的意义结合在一起，产生更加丰富的语言和意义。从这个角度也可以看出，早期阅读最好的读物就是绘本，最好的方式就是亲子阅读。

另外，绘本中的图，大多是艺术家或者插画家精心设计的，具有较高的艺术性。孩子从小经常接触这些"艺术品"，不仅锻炼孩子的观察、想象能力，还能够培养孩子的审美品位！并且这些图是一种叙事媒介，承担着传达信息的功能，孩子能够通过这些图画，激发语言和对话，促进孩子语言和思维的发展。

当然绘本的作用远不止这些，就仅仅上面所说的，就有足够的理由让我们在早期阅读阶段多给孩子看绘本，而不是看字多的书！

现在绘本已经成为全世界发达国家早期阅读的主要读物，我们既然有了这么好的东西，不给孩子实在可惜。

9. 3 岁不到看了 2000 本绘本。

在网上有人会"晒"出自己孩子不到 2 岁就读了 1000 本绘本，不到 3 岁就读了 2000 本绘本，显得得意和荣耀。很多家长看了，也很是羡慕。当然，有的也感到焦虑，因为自己孩子可能连 100 本也没读呢；还有的会有一点儿疑问：孩子这么小，需要读这么多吗？

现在越来越多的父母意识到早期阅读的重要性，也看到读绘本的好处，所以很重视对孩子阅读的培养，从孩子很小时就开始了阅读训练。这是非常好的现象。但也有极少部分对早期阅读认识不足、理解片面，导致走入了误区，低龄阶段让孩子看尽可能多的书就是其中一个，2 岁读 1000 本绘本，3 岁读 2000 本绘本，这非但没有必要，甚至还是有问题的。

首先，低幼孩子的阅读，需要大量重复。从认知方面来说，只有足够的重复，他们才能够逐步理解、掌握绘本中的内容，足够多的重复，甚至让孩子能够将整个绘本内容一字不落地说出来，有时候还会有独到的理解和发现，这些是父母都没有想到、没有看到的。

从心理方面讲，熟悉的内容，孩子更容易接受和亲近，更有安全感；由于重复阅读，孩子可预知到后面的内容，并且还能听出父母不小心说错的内容，甚至还能发现父母没有看到的内容，这给了孩子很大的成就感。

无论从认知还是从心理方面来说，大量重复的阅读，对于低幼孩子来说都是很有必要的。所以，100 本书只读一遍，还不如一本书读 100 遍！

其次，低幼孩子的阅读，只占其生活的一小部分。虽然早期阅读对于孩子来说非常重要，但并不意味着每天花大量时间在阅读上，对于低幼孩子来说，应当更多地在真实的环境中活动、玩耍，应当与父母有更丰富多样的互动交流。根据孩子年龄的大小不同，每天花三五分钟、15 分钟、半小时、一小时去阅读，非常好！但如果每天花两三个小时以上在阅读上，就会 走到另一个极端，必然会减少孩子其他方面同样重要甚至是更重要的活动，反而不利于孩子更好地发展！孩子年龄越小，花在阅读上的时间就越不能太多！例如，2 岁以内的孩子，每天半小时左右即可；1 岁以内的孩子，每天 10 分钟左右即可。当然，随着孩子年龄增长，在阅读上可以花更多的时间，但对于 3 岁之前的孩子，实在也没有必要每天花三四个小时在阅读上。

如果 2 岁就看了 1000 本绘本，3 岁就看了 2000 本绘本，要么重复阅读不够，要么就是花在阅读上的时间太多了。无论哪一种情况，对于孩子的全面发展，甚至对阅读本身都是不利的。

因此，我们应当正确理解早期阅读，早期阅读虽然重要，但并非读得越多越好。千万不要以为看的绘本多，早期阅读就越好。当我们明确这一点时，也就不会有焦虑感和疑问了，更重要的是，我们会把关注点放在早期阅读的过程上，也就是如何提升阅读的品质，让孩子、父母更享受早期阅读的过程。

10. 孩子读完一本书之后，要求孩子复述、总结、写读后感等。

不少家长和老师要求孩子读完书后，复述书里的内容，或者总结出一个中心思想、一个道理，或者写一篇读后感。他们这样做，大概是希望孩子读完一本书能有所吸收，能有所输出。虽然其出发点很好，但是却不利于孩子阅读培养。因为读完书还要复述、总结、写读后感，很可能让孩子把阅读当作一个任务，不能放松地去阅读，从而造成阅读体验的不愉快，破坏孩子阅读的兴趣。复述、总结、写读后感，并不是一件容易的事，需要一定的抽象概括和表达能力，当孩子的这些能力还不是很强时，他们做这些事，就很困难、很费劲，而且也比较花费时间、精力，这显然会影响孩子的阅读量。

复述、总结、写读后感是家长和老师都能够看得见的"显性"输出，但即便没有这些"显性"输出，孩子读完一本书也必然受到影响，必然有所收获。阅读对孩子的影响是长期的、潜移默化的、厚积薄发的；并非读完一本书就要看出成效、有所输出。

因此，实在没有必要要求孩子读完一本书就要复述、总结、写读后感。而如果孩子愿意，甚至很乐意做这些事，那当然是很好的，应当给予支持和鼓励。

阅读的十大权利

你知道孩子的这些阅读权利吗？

　　法国当代作家达尼埃尔·佩纳克在《宛如一部小说》中提出"读者不失效的权利"，我们把它看作"儿童阅读的十大权利"。而大多数人（包括老师、家长）都还不知道这些儿童阅读的权利，所以，有必要在这里给大家介绍一下。因为了解了"儿童阅读的十大权利"后，我们在培养孩子阅读的过程中，就容易把握方向，不走错路，少走弯路。

一、不读的权利

　　既然孩子有阅读的权利，那么也就应该有不使用这些权利的自由。

　　这样，很多人就担心了，孩子有这种权利，就不读书了，那怎么办？

　　这种担心往往就是对孩子的不放心：不相信孩子会喜欢上阅读，也不相信阅读能够吸引孩子，更不相信自己能够找到方法能让孩子体验到书籍的乐趣、阅读的快乐。也就是说，我们应当对孩子更有信心，对自己更有信心。我们一定可以让孩子感受到书的美好、阅读的美妙，从而让孩子被书吸引、迷恋上阅读，而不是因为孩子有这项权利，而担心、惧怕。

书中有两段话说得特别好：

教育的职责，说到底，包括教育孩子如何读书，启蒙他们的文学知识，教会他们运用工具去自由判断是否具有"阅读的需要"。因为，如果我们完全接受某个家伙可以拒绝阅读，那么如果他被阅读排斥或者他认为是他被阅读排斥，就实在太可悲了。

被书排斥，是巨大的忧伤，是孤独中的孤独，这样孤独的人，也包括那些认为用不着看书的人。

（引自《宛如一部小说》第 161 页）

二、跳读的权利

很多孩子都会跳读，也就是说，他们有时候会跳过某些文字，而成人却恨不得孩子每个字都看到，并刻在脑子里！然而，他们有跳读的权利。因为：

即使我们已经"长大成人"，即使我们很不乐意承认，"跳页"这种事我们也经常干，出于我们自身和我们所读的书本身的原因。我们也绝对禁止自己从头到尾啃完一本书，中途总要停下来观察一下，这里，作者太滔滔不绝了，那里，作者吹起了一支舒畅的长笛曲，在那个地方他又老生常谈了，在另一个地方他简直在胡说八道。不管我们说什么，这种强加给自身的执拗的不快并不属于读书职责的一部分，我们提倡的是愉悦阅读。

（引自《宛如一部小说》第 161 页）

当然如此！在我看来，儿童的阅读不应当是枯燥乏味的，尤其是在孩子对阅读还不怎么感兴趣的时候。所以，遇到那些看不下去的、引起阅读不适感的段落,不妨跳过去,没必要去较劲、"找不痛快"。爱上阅读,就得多体验阅读的乐趣、享受阅读的愉悦。

三、不读完的权利

很多人认为:只要拿到一本书,就要看,就要看完,否则就不能换另外一本书。真不知道这种想法是从哪里来的。

达尼埃尔·佩纳克说:

如果要在还未看到结尾就放弃一本小说,我们可以举出三万六千个理由:内容老掉牙,故事不引人入胜,作者的观点和我背道而驰,文章风格让我起鸡皮疙瘩,又或者,惨不忍睹的文字令我们无法找到坚持看下去的理由……列出另外三万五千九百九十五个理由已经毫无意义了,比如,龋齿的困扰,铁路调度员的干扰,心跳紊乱的搅扰。

(引自《宛如一部小说》第 167 页)

然而,在放弃阅读的理由中间,有一个理由值得我们驻足研究一下:一种无力的挫败感。我打开书,开始阅读,但很快,我被一种比我的定力更强大的力量所攫取。我调动每个神经元,跟文本斗争,但于事无补,我根本没有要读完眼前这本书的饥饿感,我对书中的内容一窍不通——或者略知一二——我感到一种无法找到入口的"不适"。

我只好放弃。

(引自《宛如一部小说》第 167 页、第 168 页)

与其让孩子必须看完,倒不如用心去找找看,还有哪些书更适合孩子看，找到这样的书，孩子可能会一口气看完，想让孩子不读都难。

四、重读的权利

经常听到家长说，"这本书你都看过了，换一本。"或者是，"这本书都读了二十遍了，怎么还要读，读其他的。"

达尼埃尔·佩纳克说：

重读，尤其是为了重温快乐，重逢的快乐，重新感受那种亲密。

"再讲一个，再讲一个。"曾经的我们都是乱叫乱嚷的孩子……我们为故事的连绵不断激动不已，而每次重听都会有令人欣喜的发现。

（引自《宛如一部小说》第 170 页）

重读，对孩子的认知、理解和阅读提升等都有裨益。让孩子尽情重读吧。

五、读任何书的权利

如果我们尊重孩子的这一条权利，那他们的阅读会轻松有趣很多，少很多阅读的烦恼，我们也会因此少很多烦恼……

但我们会被这条权利吓到，我们会有所担心，会怕孩子读到那些"不好的书"，然后把孩子"毒害了"……

如果正规出版物有那么大毒害，那显然问题不在孩子这里。但我们相信，正规出版物几乎是无毒害的。即便真有极个别有毒害的书，那孩子偏偏就喜欢看这类书了吗？即便如此，那也是我们的不慎，把这些书带到了孩子可以接触到的环境之下。

如果我们更相信孩子，更相信自己，那么就会少很多担心、焦虑和恐惧……

六、"包法利式幻想"的权利

孩子若是沉浸在某本书中,或在某个阶段痴迷于某种书,甚至在生活中有不切实际的幻想,别怕,因为"这是读者的第一阶段",很美好。

我们似乎就是见不得孩子沉迷和幻想,总是想用自以为是的东西去干扰、烦扰他们。忍一忍,别总想着把那些自以为是的好书、"必读书"塞给他们……

还是达尼埃尔·佩纳克说得好:

如果在这个阅读阶段对她施以强制手段,结果就只能切断我们和她之间的纽带,也是对自己曾经经历的青少年阶段的否定。是剥夺她将来独自一人破除条条框框时所能享受的无与伦比的快乐,可是这些条条框框,她今天似乎就已经抛弃了。

(引自《宛如一部小说》第 176 页)

七、随时随地读的权利

儿童的阅读不需要选择场地,更不需要正襟危坐,孩子们随时随地都可以读,只要他们想读。

八、翻读的权利

一本书翻看几下就放下来,换另外一本书,或者干脆跑出去玩了。对此,我们是看不惯的,认为这不像话,怎么能这样看书呢?这是三心二意、不能坚持……

然而,要知道,儿童的阅读不需要苦苦坚持,而是需要被甜蜜地吸引。如果没有时间看完一本书,翻翻也好;如果没有心情看完整本书,翻几下也罢。如果在书里没有找到吸引自己的东西，放弃另选一本，或是先出去玩玩儿倒是明智的做法。

九、大声朗读的权利

如果孩子愿意大声朗读，很好！我们当然不能阻止孩子大声朗读。只是另外一方面，我们也要注意，也不要强迫孩子大声朗读。

十、沉默的权利

孩子读完一本书，如果有分享的冲动，那我们就"洗耳恭听"。如果他不想说什么，我们还是留给他思考的时间吧，别总想着让孩子开口说点儿什么孩子的书，我们没看，也就没有资格问……

动词"读"承受不了命令式。（《宛如一部小说》开篇）

我们唯有尊重孩子阅读的这些权利，他们才有可能对阅读产生兴趣，并爱上阅读！

盗版的危害

别做既花钱又花时间还毒害孩子的事

2018 年，北京通州区法院审判了一起特大盗版图画书案件。这是中国最大的盗版图画书案件，涉及金额高达 9 亿多元。这个案件"人民网"和《新京报》等媒体都进行了转载报道。

如今盗版书，特别是盗版图画书，可以说是泛滥成灾。盗版图画书在网上销售非常猖獗，在"朋友圈"、一些网店等经常能够见到平装包邮的盗版图画书。

之所以存在这种现象，必然是不法分子为了牟取暴利不择手段，另外，也与市场需求（以及监管不力）脱不了干系。图画书需求量增多，而有这种需求的人对图画书了解不够，给了盗版书祸害孩子的机会。

在有的人眼里，盗版图画书跟正版的看起来都差不多，又便宜很多，他们认为自己很精明，"同样的"图画书自己只花了不到 1/10 的钱就买到了，所以即便明知是盗版，还愿意去买；当然还有另外一部分人，是不知道自己买了盗版书的。

如果父母真正了解了盗版图画书的危害，想必就不会再给孩子看了，因为盗版图画书的危害太大了，足以危及孩子的生命健康。

那么，盗版图画书到底有哪些危害呢？

第一，印刷色彩失真，画面变形，损坏孩子的审美。正版图画书的每一种用色都是插画家、艺术家精心设计的，油彩粗粝的质感、铅笔细腻的笔触等都为孩子的审美打下底色。有些图画书要达到很好的色彩效果需要增加专色油墨，或者添加荧光墨。

盗版图画书为了节省成本，必然不会用这种专色油墨，很多画面的色彩偏差太大，孩子经常看，必定会影响孩子的审美。

正版图画书的尺寸是根据内容来设计大小的，有的很长，有的很宽，有的是正方形的，甚至还有异型的。

盗版图画书，为了节省成本，都是 A4 大小的尺寸。这样就导致盗版图画书的画面变形。这显然会影响孩子的视觉感受。

第二，内容错误，影响孩子的认知。优秀的图画书是图与文的协奏曲，尽管文字量很少，但却不容马虎。正版图画书经过严谨专业的编辑流程，内容质量有保证。盗版书随意扫描制版，错字、漏字时有发生。

第三，功能缺失，影响孩子的阅读体验。有的盗版图画书，把前后环衬都给去掉了或者莫名其妙地多加了一页。而我们知道，图画书环衬上面的图案或色彩都有独特的作用，例如有的是作为一种铺垫，有的是作为一种暗示，有的是作为故事的开始等，随便去掉，整个故事就不够完整。

有的图画书页面大小不同，并且有挖孔，这些独特、有趣的设计，往往会给孩子带来很好的阅读体验。而在盗版图画书中，这些幅面不同的内页都没有了，挖孔设计也不见了，孩子就享受不到阅读正版书的那种愉悦感受了。

第四，纸张油墨重金属超标，危害孩子健康。《人民日报》

官方微博曾经发文提醒，部分盗版书比同类正版书的铅含量高100倍！甚至还含有六价铬。这些重金属会对孩子的健康危害极大，可能导致智力残疾！

《河北日报》也曾发文报道，盗版书中超标的重金属，会影响孩子健康。

中央电视台财经频道，在《第一时间》栏目也做过相关报道。他们采访了一位专家，这位专家明确指出，盗版图画书中超标的重金属会导致孩子生长缓慢，甚至影响其智力发育。

总之，盗版图画书危害实在太大了。其危害不亚于有毒奶粉，给孩子看盗版图画书就是对孩子身体和精神进行毒害。那么，我们怎么才能分辨是不是盗版图画书呢？具体如下：

正版儿童书内文用纸主要是铜版纸、轻型纸、胶版纸，或者更加高档的纸，纸张质量一般较好；如果纸张太薄、纹理不均匀、厚薄不均匀，透墨（就是从正面能看到背面印的东西），那八成是盗版的。

印刷正版儿童书的油墨一般还是比较环保的，印刷也比较规范。越来越多的图画书都采用了大豆油墨印刷，书上会印有"绿色印刷"标志。这种油墨颜色纯正，色泽饱满。如果印刷质量差，有重影或者印糊的，色彩突兀、不漂亮，油墨有明显异味，八成是盗版的。

正版书会进行专业细致的排版，不会出现错行、跨页对不齐的问题。

我常常可以一眼看出是不是盗版图画书，甚至只看图片就能够判断出来。怎么做到的呢，其实很简单。因为很多图画书只有精装版，没有平装版。这样，当看到的图画书是平装的时，一下就可以断定是盗版无疑。

当然，并不是说平装图画书都是盗版图画书。而是说，当这本图画书只有精装版时，如果还能见到平装版，那必定是盗版了。

有的图画书既有平装版也有精装版，有的图画书只有平装版没有精装版，而有的图画书则只有精装版没有平装版。到底哪些有平装版，哪些没有平装版呢？这就看个人对图画书的熟悉程度了。

通过图画书的大小尺寸，也可以很容易判断是否为盗版。

如果卖的各种各类（而不是一个套系）的图画书，尺寸基本都一样，通常就是 A4 尺寸，那基本可以判断是盗版图画书。因为各种正版图画书的大小，基本都不是完全一样，放在一起必定有大有小、参差不齐。当然，如果是一个套系的图画书，尺寸大小一般是一样的。

通过价格，也很容易判断是不是盗版。

如果价格特别低，一本图画书才几块钱，基本可以判断是盗版。网络上那些十本、二十本包邮，且一本书平均价格才两三块钱，那么全部都是盗版的。

还有，如果图画书是平装的，但后面定价跟精装图画书的一样，那也可以断定是盗版的。

上面说了一些分辨盗版的方法，其实最好是避免购买到盗版图画书，因为一旦购买到了盗版，即便分辨出来，维权也很难。所以，下面给大家讲讲如何避免购买到盗版图画书。

一是看售价。图画书售价只有两三块钱一本，基本是盗版的。因为商品都有其成本，图画书也不例外。图画书除了要给作者稿费，还有印刷成本、营销成本，以及其他各项成本，这些成本加在一起，可能要占定价的 25%~30%，所以，售价只有定价的一折或两折，几乎不可能。售价低于正常销售价格很多，盗版的可能性就很大。

二是通过正规渠道来购买。如果你从出版社直接购买，总不会购买到盗版吧？我们平时购买的书，数量少，不可能直接从出版社发行部门购买，但可以从出版社的线上自营店购买。现在很多出版社都有自己的线上自营店，通过出版社的线上自营店购买，可以确保不会有盗版。

如果以正常的价格，在正规渠道购买图书，就可以100%确保购买的是正版，从而避免购买到盗版。

阅读障碍

有一种被普遍忽视却又不可不知的"病"

"阅读障碍",虽然目前在汉语体系中对其的研究还不完善。阅读障碍涉及的知识也比较宽广,要弄清楚也不是一件容易事,但这里还是要提一下,哪怕仅仅是知道这个概念。

因为,在我国大概有 1500 万儿童存在阅读障碍(按照10% 的发生率),而具有阅读障碍的孩子在阅读、学业学习上会遇到巨大的困难。在有学习困难的孩子中,有 80% 左右存在阅读障碍。这些孩子往往被贴上"不努力""态度不认真"等标签!如此数量庞大的一个群体,他们"生病了",我们不仅没有"照料"好他们,反而还要责骂、打击他们,实在是一件令人痛心的事。

具有阅读障碍的孩子,智力正常,甚至有的智力水平较高。他们的大脑结构跟常人无异、没有什么损伤,只是在处理文字的时候会出现问题:他们大脑激活的部位有所不同;现代科学技术能够"看到"这些,就像利用 X 光"拍片子"可以看到骨头是否断裂一样。

西方字母文字的阅读障碍,现在一般认为是由于语音缺陷导致的。其表现有:容易读错单词、记忆新词比较困难、对音韵不敏感等。如果问有阅读障碍的孩子,"从'strong'中拿掉'tr'的音,剩下的部分如何发音?"他们很可能不知道答案是"song"。

而对中文阅读障碍的研究相对较少,很多结论还是参照西方字母文字的阅读障碍而来的。虽然有其共性的部分,但西方的表音文字和汉语的表意文字还是有所不同的。

家长和老师可以通过日常观察孩子处理书面语言的表现上来进行初步的判断。例如,是否经常忘记一个学过的字应该怎么写?朗读时,是否总是一个字一个字地读出来?是否经常漏字换字,甚至会跳行?是否经常混淆同音字的意义?是否经常把字形相近的字写混淆?是否经常不理解字在词中的意思?是否经常不理解词在句子中的意思?书写是否有困难,例如掌握不好字的间架结构、字与字之间挤在一起?父母或者兄弟姐妹是否有阅读障碍?(阅读障碍具有很高的遗传性)

以上只是初步的判断,如果情况比较严重,那就应当引起家长和老师的注意,但千万不要自行给孩子下结论,阅读障碍的评定应当到专业的权威机构进行!

评定是否有阅读障碍的相关专业研究机构有香港理工大学宏利儿童学习潜能发展中心、北京大学—香港理工大学儿童发展与学习研究中心、中国科学院心理研究所脑与学习困难研究中心、北京师范大学心理学部脑与阅读发展实验室。

如果确定孩子有阅读障碍,上述研究机构也会给出个性化的干预方案。对于家长来说,最好的做法就是预防阅读障碍的发生,而尽早开展早期阅读,足够重视孩子的阅读培养,应当说是最有效的方式。

对家长说的话

阅读让孩子受益终身，培养好并不难

　　不说阅读对于孩子以后工作、生活的影响，也不说阅读对于孩子精神成长的作用，就单说阅读对学业的帮助，对孩子的阅读培养都是不容忽视的。从长期来看，孩子若要取得优异的学业成绩，没有大量阅读、没有良好的阅读能力，几乎是不可能的！

　　清晰、深刻地认识到这一点，会让我们足够地重视对孩子阅读的培养。否则，就必然把时间、精力、金钱用到其他方面，造成对阅读培养的用力不足，从而导致学业成绩很难提高，即便后来明白过来，再去抓阅读，几乎就来不及了。

　　这么强调，只是想说明，对孩子阅读的培养必不可少，并且越早进行越容易，效果也越好。千万不要等到孩子大了，"吃了阅读不好的亏"，才后悔不已。

　　虽然如此，另外一方面，我们也应当放平心态，千万不要因为阅读如此重要，弄得太紧张、压力太大，很难把孩子的阅读培养好，应当尽可能把阅读这件事变得更加轻松、更加有趣，而不是把它弄得沉重和枯燥。孩子不可能对枯燥乏味、给自己带来压力甚至是痛苦的事产生兴趣，相反，他们会尽一切可能避免去做这样的事。

对儿童阅读的培养是一个渐进、漫长的过程，没有任何办法能够让孩子在短期内把阅读一下子提升很多，也就是说，任何速成的办法，都是徒劳无益、自欺欺人的，网上爆出的所谓"量子脑波速读"就是极端的代表。

眼光要放长远一些，不要想着短期内见到"效果"，那些功利的目的，也尽可能抛得越远越好。否认，急功近利，必然违背儿童阅读的发展规律，从而导致更多困难，带来更多的问题，甚至造成对儿童阅读培养的失败。要相信，只要孩子的阅读培养好了，那些我们想要的"效果"，诸如阅读理解、写作更好一些，语文成绩更好一些等，都会有的。

还有一点，尤其值得我们注意，就是对儿童阅读的培养，应当"以人为本""以儿童为本位"。

所有的书、方法、要求等都要首先考虑不同儿童的情况，让它们适应儿童，而不是相反。

我们不能强迫孩子去看所谓的好书、必读书，如果孩子不愿意看，可以想办法引导，或者干脆先放一放，去找其他的书。

不管是谁说的，不管多么好的方法，如果不适合自己的孩子，千万不要勉强，更不要盲从，如果孩子还不能够顺利自主地阅读，就千万不要一下子中断亲子阅读，去迫使孩子自己读书。

其实，对所有正常的孩子其阅读都是能够培养好的，并且没有那么难。只要我们足够重视（舍得投入时间精力和金钱），把眼光放长远并且以儿童为本位，再参照本书开篇所述的"金字塔"图纸，不仅给孩子书让他们看，或读给他们听，而且进一步考虑4个核心的目标任务，注意一些关键点，儿童阅读培养的"大厦"一定可以建好。

对老师说的话

发挥老师培养孩子阅读的优势

今天，很多学校的老师都普遍越来越重视对学生阅读的培养了，这具有很大的推动作用。不少家长在孩子学龄前阶段并没有重视，但上小学之后，由于老师不断强调，几乎所有家长都开始关注了，知道了阅读对学业学习的重要性，开始给孩子买书或者借书让他们看、给他们读。实际上，不少孩子的阅读都是进入小学才开始培养的，从这个角度来看，老师对儿童阅读发展的推动是功不可没的。

不仅如此，老师在家长心目中也有较高的权威，老师的话对家长有很大影响力。老师反复强调的话，家长大多都会放在心上；老师的要求，家长也都会去照做。也就是说，老师对推动儿童阅读的发展，具有很大的优势，甚至都找不到谁还能有这种优势。

恰恰如此，这种优势也可能带来负面影响。

如果老师对儿童读物不熟悉，或者对儿童阅读了解不够，甚至阅读培养理念落后，那么，必然会给家长带来困扰，也很难让学生的阅读得到良好发展，这又反过来影响到老师自己。

例如，有的老师在学生进入小学之后，就要求他们自主阅读，甚至要求父母不能再跟孩子一起亲子阅读，这势必给很多孩子带来痛苦，给家长带来困扰。因为阅读发展是一个渐进的过程，而且每个孩子的发展节奏也是不一样的，不可能孩子在上了小学之后，都能够顺利自主地阅读。事实上，在小学低年级阶段，特别是刚进入小学的孩子，大部分是不能顺利自主阅读的。强行要求他们自主阅读，即便学生迫于无奈去读了，这个过程也很费劲，甚至比较痛苦，不可能是一个轻松有趣的过程，也就没有"好的体验"。因此，也就不可能让孩子对阅读产生兴趣，这种被迫的"自主阅读"，时间越长、次数越多，越让孩子远离阅读。另外，自主阅读和亲子阅读并不是对立的，完全可以并行不悖，亲子阅读甚至是促进孩子向自主阅读发展的一种非常好的方式。这几年，我遇到不少家长说自己在中断亲子阅读、让孩子自主阅读后，孩子对阅读的兴趣逐渐减退；而孩子原本较为良好的阅读兴趣可是家长花费了上千天、读了上千个故事才慢慢培养出来的。可见，方法不得当，可能会让家长长时间、巨大的付出很快"付诸东流"。

前些年，有老师认为"绘本太简单、幼稚，上了小学就不能再看了"，要求家长不要给孩子看绘本，这虽然是个别情况，但能反映出老师对儿童读物很不了解。更普遍的情况是给孩子推荐的书，虽然品质很好，但却不适合孩子的阅读水平。

当然了，老师平时有很繁重的教学任务，学校里很可能还有各项事务，自己也有家庭和孩子，并没有那么多时间、精力去研究儿童读物、儿童阅读，但由于上面我们谈到的"老师的优势"，老师对家长和孩子有很大的影响力，对儿童读物有个基本了解、对儿童阅读培养的大方向和先进理念有个基本把握，是很有必要的。否则，如果到今天还对家长说"绘本太简单、幼稚，上了小学就不能再看了"，那很可能会让自己在家长心目中的印象大打折扣。因为今天越来越多的家长已经认识到绘本并不简单、幼稚，也不仅限于学龄前的孩子看，小学生甚至成人都可以看。这也会给自己带来阻力，对自己的职业发展也是不利的。

除了对儿童读物和儿童阅读作更多了解，适当调整一些做法也可以增加家长的信任，减少给家长和孩子带来困扰，也避免给自己的工作带来阻力。

例如，将学校的教学任务与儿童阅读分开。词汇量的积累、阅读理解和作文水平的提高，属于教学任务，不应当利用儿童阅读来实现，虽然阅读能够起到作用。儿童阅读，不应当背负这么多的负担。儿童阅读越纯粹越好，可以尽管放心的是，我们不用带着那么多的功利目的去让孩子读书，到最后那些我们期望的功利目的（词汇量积累、阅读理解和写作水平的提高等），都会达到。

再如，给学生推荐的书单，尽可能考虑班上学生的整体阅读水平，有难度大一点儿的，也有难度小一点儿的；有纯文字的，也有带图画的；最好还要考虑各种不同主题、不同体裁等，以便适应不同的学生。当然如果能够把书单上的书都做一些了解，甚至看一遍，那是再好不过的了！

非常重要的一点是，不要做硬性规定，也不要搞形式化。书单其实只是一个参考，好书远不止书单上的那些书，没必要非要读，甚至非要都读。只要学生能够读书、读好书就行。也不一定非要每天阅读打卡，有的学生已经有了良好的阅读习惯和兴趣，非要每天拍照甚至拍视频打卡，其实并没有什么必要，这样反而给家长和孩子带来困扰。我们的目的是让学生养成良好的阅读习惯、培养出良好的阅读兴趣，实际上有的孩子已经达到，并且有更好的方法，这就够了。

老师的身份，带来了很大的影响力，这种影响力可以很好地推动儿童阅读的发展，也有可能带来阻力。如果老师能够更多发挥推动力，将会是孩子和家长的福音……